AF240474

Gilbert Collard

Les dérives judiciaires

Groupe Eyrolles
61, bd Saint-Germain
75240 Paris Cedex 05

www.editions-eyrolles.com

Gilbert Collard

Les dérives judiciaires

EYROLLES

Sommaire

La vieille veilleuse
La chambre de l'instruction

Le pays du grand blabla

> *« Quant à notre justice pénale, j'estime qu'elle devient indigne de notre pays, terre présumée de liberté et de respect des droits de l'homme ; les motifs prévus et les conditions de mise en œuvre de la détention provisoire ne sont plus acceptables, la présomption d'innocence est devenue une notion creuse, vide de toute réalité et de toute signification ; quant au secret percé de l'instruction, il ne sert plus qu'à nuire à ceux qu'il est censé protéger. Des réformes, urgentes et radicales, sont indispensables. »*
>
> Guy Danet[1]

Qu'est-ce que la justice ? Ce mot est vide. Il ne renvoie à aucune donnée vérifiable. Il est pourtant aux fondements de toute société. La main de justice est l'emblème du pouvoir, le sceptre est le bâton que portent les rois dans les textes d'Homère. Le thème de la justice occupe toute la pensée grecque, il submerge le théâtre, la rhétorique, la philosophie. On le retrouve chez Pindare, Héraclite, Platon. Aujourd'hui, il envahit les écrans de télévision… À tel point que l'idée de justice devient virtuelle, un roman à vivre dans l'impossible narratif, un rêve ou un cauchemar, selon l'heure d'écoute.

Comment concevoir un monde civilisé sans justice ? Imaginons, ce qu'il est facile d'imaginer puisque cela

---

1. Président du Conseil national des barreaux, *Gazette du Palais*, 30 juillet 1996.

devient presque une réalité, un monde où l'on volerait dans les rues, où l'on ne pourrait plus laisser sa voiture garée, où l'on se barricaderait derrière des murs d'alarme, où la nuit on craindrait de se promener, où les pompiers seraient frappés, les policiers écrasés, la parole dévaluée, les femmes violées dans des cités tournantes sur elles-mêmes, la loi religieuse des uns imposée aux autres, la différence des uns imposée aux autres, l'inertie de l'État pendant seize ans face à un locataire expulsé par une décision de justice que l'autorité n'exécute pas parce que le mauvais payeur… « *a facilement tendance à sortir le fusil* », la vie commune serait impossible. Imaginons…

Pour éviter ou corriger cette réalité, il faut de la justice et des juges, et, histoire sans parole, une autorité de parole judiciaire qui ne se perde pas dans un tohu-bohu médiatique. À défaut de savoir ce qu'est la justice, peut-on se demander aujourd'hui : qu'est-ce qu'un juge ? Que fait le juge ? Il dit la part de chacun, il attribue à chacun sa chose, le bien, la terre, l'argent, la peine, la réparation.

Le 4 octobre 2010, *Le Figaro* titre : « Délinquance : la justice en accusation. » Un député, Éric Ciotti, rapporteur de la loi d'orientation pour la sécurité, déclare : « *Les chiffres parlent d'eux-mêmes, la justice fonctionne mal. Il faut un système plus efficace et surtout qui sanctionne mieux.* » Le même jour, un avocat, ancien ministre, qui n'a pas encore l'âge du maréchal, s'en prend au physique vulgaire du juge Isabelle Prévost-Desprez. Sans vouloir sacraliser cette fonction qui a assez de pitres chez elle pour se caricaturer toute seule, l'avocat, qui n'a de Clemenceau que la moustache, montre, par ses excès verbaux, l'état de l'institution, cible détrônée de la foire du trône.

Comment en est-on arrivé là, au point que les Français ne croient plus en leur justice ? Deux études d'opinion, réalisées en 1997 et 2001, démontrent que l'institution judiciaire souffrait alors d'un déficit de confiance dans l'opinion. Un sondage réalisé par l'Ifop en mai 2008 montre que la justice se voit reprocher des défauts dont elle n'arrive pas à se débarrasser.

Pourquoi cette crise ? Le Français d'aujourd'hui n'est plus le paroissien d'hier. On ne « la lui fait plus ». Son niveau de connaissance a augmenté, et plus ce niveau augmente, plus le degré d'insatisfaction croît. La justice, comme toutes les institutions, n'échappe pas à cette règle. Elle en vit l'impact comme un affront à sa majesté. Ce qui est démodé. D'autant que la médiatisation de la société braque sur elle ses feux. Elle ne peut y échapper en se drapant dans sa vieille dignité outragée ! Qu'elle le veuille ou non, elle est soumise, elle aussi, à la démocratie d'opinion qui n'admet plus les erreurs et les dysfonctionnements. Elle ne peut plus se défendre en invoquant des facteurs extérieurs, le manque de moyens, ses rapports difficiles avec l'exécutif et le monde politique, des lois changeantes et mal faites, le surcroît de travail, la complexité des procédures. Elle ne peut plus visser de silencieux sur ses erreurs.

Elle vit au rythme d'un autre temps, calèche et ordinateur ne font, hélas, pas bon ménage. C'est ainsi. Le cérémonial judiciaire, véritable encroûtement, est désuet, lourd, confus. Il contribue à répandre dans l'opinion le sentiment que le juge vit attaché à des méthodes artisanales, hors de son temps, et s'obstine à ne point vouloir y entrer, comme s'il craignait d'y perdre poudre et perruque, jargonnant dans des formules et un style rhumatisant des pluies de plusieurs siècles, devenues hermétiques, incompréhensibles. Ce jargon se complique, en outre, d'un style de comptoir pédant où la clarté fait défaut. C'est une évidence, le juge n'écrit plus lisiblement, quand il n'écrit pas dans un français approximatif.

On assiste, dans tous les domaines, à une accélération. L'institution, avec son pas lent des palais, ses rites, ses grands principes, ses mécanismes procéduraux poussifs, est chronophage, en complet décalage avec l'exigence de célérité moderne. Elle croule sous la poussière du temps perdu, des inadaptations, des anachronismes.

Le plus grave, peut-être, tient au fait que l'on se demande de plus en plus fréquemment si certains magistrats n'utiliseraient pas de manière militante et idéologique les pouvoirs que leur confère la loi, commettant ainsi un véritable abus de biens sociaux, pour satisfaire leur conviction. Cette idée pernicieuse est née en 1970, quand des juges ont cru bon de remettre en cause les règles appliquées par des organismes de crédit à l'égard des débiteurs ou de donner raison, malgré la loi, à des salariés. Cette méfiance s'est aggravée lorsque, après la création du Syndicat de la magistrature, un juge syndiqué, en 1975, a incarcéré pendant cinq jours le directeur d'une usine où s'était produit un accident mortel du travail. La chambre d'accusation de Douai s'était réunie, fait rarissime, un dimanche matin pour ordonner sa remise en liberté ! La génération des « petits juges » venait de naître, leur Austerlitz étant Hazebrouck, du nom de cette pluvieuse ville où le juge Ceccaldi, chargé de l'affaire des pétroliers, muté, refusa d'aller, pour finir décoré par Gaston Defferre et se retrouver préfet à Nice, loin du crachin obscur d'Hazebrouck ! Ces juges ont fait un mal énorme à la justice en faisant appel au pouvoir des médias pour relayer leurs actions, pour imager leur héroïsme confortable de petit cinéma.

Entre politisation et peopolisation, Légion d'honneur et poignée de main au président, pantouflage dans les ministères, goût du vedettariat, empoignades sur la place publique, déraillements procéduraux, idéologies, les juges ont perdu leur place de « tiers désintéressé », capable de ne favoriser ni le riche ni le pauvre. Aristote, aujourd'hui, ils s'en tapent comme de la première chemise de leur premier dossier !

À cela s'ajoutent les conditions matérielles dans lesquelles œuvre la justice pénale. Les droits ne doivent pas être « *théoriques ou illusoires*[1] ». Pourtant ils le sont ! En aucun cas les carences imputables à l'État ne peuvent justifier les violations des règles du procès équitable, selon la norme européenne. Ainsi le droit de communiquer avec son avocat suppose l'existence de locaux permettant un entretien confidentiel, le droit de se défendre n'est pas compatible avec une discussion des preuves à deux heures du matin, après une déjà longue audience. N'en déplaise à ce président de la cour d'assises de Riom,

---

1. Rappel de la *Cour européenne des droits de l'homme*, 4 novembre 2010.

insomniaque, sans doute à force de juger aux heures où rôdent les fantômes. Les droits de la personne gardée à vue ne peuvent être respectés dans des égouts policiers, qu'on appelle, pour les besoins des apparences, des commissariats, où l'hygiène fait défaut autant que le papier du presque même nom. De même, à quoi bon seriner l'exigence de célérité pour les jugements, afin d'éviter qu'un justiciable ne se transforme en Mathusalem de son propre procès ou en Comte de Monte-Cristo de la détention provisoire, si les policiers croulent sous les dossiers, ploient sous les commissions rogatoires, s'humilient sous les tâches subalternes, et que les dossiers s'entassent dans les parquets en attente d'enregistrement, d'audiencement, ou qu'une cour d'assises met plus d'un an à transmettre un dossier criminel à la Cour de révision !

Il faut être clair, au risque brutal de dépoétiser la dogmatique : les déclarations de droit les plus sculptées ne pèsent rien face à l'absentéisme, la paresse, la négligence d'un juge, d'un greffier, ou la panne du système informatique. L'intendance, toujours elle, ne suit pas et écrase quand même de son pas lent les grands principes. Mais pas seulement l'intendance, car il n'y a pas que la question matérielle. Il y a aussi, primordiale, la question morale, qu'on peut définir par l'état d'esprit du juge et du policier qui appliquent les règles de la procédure pénale.

On peut parfaitement instruire ou juger à charge en respectant les formes. Les pires policiers, les pires juges peuvent violer les formes sans jamais les faire hurler au viol. Le respect de la forme peut n'être qu'un camouflage derrière lequel, à l'aise, le juge maltraite le justiciable. L'histoire de la justice quotidienne est pleine de ces imposteurs qui, dans l'exercice de leurs prérogatives, tordent directement ou indirectement les preuves dans un sens favorable à l'accusation, interrogent superficiellement, expédient leurs audiences à la vitesse du je-m'en-foutisme, orientent leurs questions pour trafiquer les réponses, jouissent de leur supériorité comme d'un membre d'appoint, se montrent irrespectueux, conduisent les interrogatoires sur le seul fondement vaniteux de leur conviction.

Est-ce seulement d'aujourd'hui ? En 1835, déjà, Alexis de Tocqueville écrivait : « *Quand je vois parmi nous* [il était magistrat] *certains magistrats brusquer les parties ou leur adresser des bons mots, lever les épaules aux moyens de la défense et sourire avec complaisance à l'énumération des charges, je voudrais qu'on essaie de leur retirer leur robe, afin de découvrir si, se trouvant vêtus comme les simples citoyens, cela ne les rappellerait pas à la dignité naturelle de l'espèce humaine*[1]. » C'était hier, mais c'est aujourd'hui toujours d'actualité.

Serait-ce des élucubrations d'anarchiste en mal de bombes verbales ? J'ai vu dans une audience correctionnelle un président pimpant et priapique se délecter en décochant à un prévenu un retentissant : « *Je ne vous respecte pas !* » Exposé à une demande de récusation, il s'est justifié en concédant… « *une maladresse* » ! Le premier président, on appelle de ce titre perruqué d'Ancien Régime le président de la cour d'appel, refusa de

---

1. *Alexis de Tocqueville, De la démocratie en Amérique I, 1835.*

récuser son juge, considérant qu'on peut ne pas respecter un justiciable et le juger en toute objectivité.

Alors, que valent les grands principes dans un cas pareil ? J'ai vu, à Versailles, là même où une plaque rappelle qu'un certain Tocqueville y fut juge, devant le tribunal correctionnel, une présidente, blonde comme une Alsacienne, coiffée comme une walkyrie, au visage rond et rouge comme un phare, crier à une prévenue, qui, intimidée, tardait à venir : *« Bougez-vous ! »*

On peut chercher le meilleur système entre procédure accusatoire ou inquisitoire, on en arrive à ce constat que là où l'homme est défaillant, il réussit toujours à pervertir les plus sûrs principes. La bonne justice, on le sait maintenant, naît du débat, de la contradiction, de la publicité, de l'exercice effectif des droits de la défense, de la séparation absolue des fonctions de poursuite et de jugement, de l'oralité et… de la bonne santé mentale du juge ! Ce dernier point étant, sans nul doute, un des plus importants. Depuis la Première Guerre mondiale, le nombre des magistrats a à peine augmenté. Ils sont 8 000 actuellement, contre 22 000 outre-Rhin. Des juges sont devenus justiciers, d'autres pantouflards.

L'affaire d'Outreau, maintenant légendaire, est un exemple de dysfonctionnement. Dans cette affaire, 17 personnes ont été renvoyées devant la cour d'assises pour viol en réunion sur mineurs de moins de 15 ans. Treize d'entre elles furent acquittées, 7 par arrêt de la cour d'assises du Pas-de-Calais du 2 juillet 2004, et 6 autres par arrêt de la cour d'assises de Paris du 1er décembre 2005.

Cette affaire – pourquoi elle seulement ? – a révélé au grand jour le vice des hommes et d'un système dont tout le monde s'accommodait. Qu'on n'aille pas me faire croire qu'on a attendu ce drame pour découvrir les délires narcissiques des petits juges dont le juge Pascal fut la première manifestation psychiatrique identifiée, mais non traitée comme il se devait, pas plus que l'étrange juge Lambert ; qu'on a attendu cette affaire pour apprendre que des justiciables croupissaient en prison pendant des années avant d'être jugés ; que les chambres d'accusation, surnommées depuis fort longtemps « chambres d'enregistrement », ne faisaient pas leur travail ; que les contrôles étaient défectueux ; que l'irresponsabilité des juges était archaïque. Tout cela, on le savait, mais on s'en foutait parce qu'aucune affaire n'avait encore réuni la charge médiatique explosive de l'affaire d'Outreau, un trou perdu, qui a fait son trou dans l'indifférence française à l'injustice. Comme si toutes les victimes des abus judiciaires s'étaient donné rendez-vous dans cette dramaturgie pisseuse, mais exemplaire. D'un coup, les aveugles voyaient, les sourds entendaient, on se rendait compte, à travers les travaux d'une commission d'enquête, qu'il y avait en France un mauvais juge, à la tête à gifles, fier comme l'éternel premier de la classe, un Burgaud, qui devait payer pour tous les autres juges. Au demeurant, il ne paya pas grand-chose, sauf à payer intérieurement dans la monnaie invisible du remords.

Dans la foulée, on en vint même à décréter, tenez-vous bien, qu'il fallait former des magistrats « plus humains » ! L'un des directeurs de l'École nationale de la magistrature, Jean-François Thony, confessa : « *Nous avons un concours qui nous permet de recruter les meilleurs juristes, une formation qui en fait des experts, je veux désormais que l'école développe les qualités humaines du juge*[1]. » Effroi, frayeur. Donc, jusque-là, les juges étaient, comme on dit, en déficit de qualités humaines. Est-ce possible ? Comment a-t-on fait pour ne point s'en rendre compte ? Avant les victimes judiciaires d'Outreau, il y avait eu Deveaux, Villemin, Dominici, Omar Raddad, Seznec, Dils, et bien d'autres. Les anciens, encore, on pouvait comprendre. Mais les récents, ceux qui ont souffert sous le règne des articles 5 et 6 de la Convention européenne de sauvegarde des droits de l'homme et des libertés fondamentales, armature de notre procédure pénale, comment cela a-t-il pu leur arriver ?

Une seule réponse est permise : derrière la loi, si belle, se cache parfois la bête, si laide, déguisée en juge irresponsable. Alors, le législateur, confronté à une opinion qui ne supporte plus les atteintes au droit commises par la puissance publique, atteintes autrefois tolérées au nom de la soumission au maître, cherche constamment un point d'équilibre entre protection et répression. Ce n'est pas facile. On a l'impression de sortir du Moyen Âge. Il faudra attendre l'an 2000, plus précisément le 15 juin, pour que soient consacrés les principes directeurs de la procédure pénale. On verra alors le juge d'instruction, Elephant Man médiéval, perdre le pouvoir d'incarcérer provisoirement un justiciable. Lentement mais sûrement les lois évoluent donc, non pas, comme on pourrait le

---

1. *Le Figaro.*

croire, à l'initiative des hommes politiques, toujours en retard d'une guerre, toujours craintifs aux cris des corporatismes, mais sous le seul effet de l'évolution des mœurs, de l'opinion, des médias, de la Cour européenne ; on pourrait même dire des sensibilités. Cette émotivité moderne, hypersensible mais forcément en contradiction avec l'impératif de sécurité et de respect des droits de l'homme, a obtenu quelques avancées dont on ne sait si elles ne conduisent pas à l'abîme des bonnes intentions. On voit un recul du rôle du juge au profit du procureur, ce qui, en l'état de son statut de subalterne des pouvoirs, n'est pas rassurant.

Aujourd'hui, l'instruction des affaires pénales est assurée à 95 % par la police judiciaire dans le cadre d'enquêtes placées sous l'autorité du procureur. Mais, en même temps, les droits de la défense ont été renforcés dans le cadre de l'instruction menée par le juge du même nom. Joli coup, coup de traître, coup de maître, on a renforcé les droits des parties dans un cadre légal qu'on utilise dans 5 % des cas ; dans les autres cas, policiers et procureurs œuvrent dans une grande liberté juridique, puisque la personne mise en cause ne bénéficie pas des droits de la défense jusqu'au coup de théâtre de la Cour de cassation : pas d'avocat pendant les interrogatoires, absence d'accès au dossier, aucun moyen de demander des investigations ni de contester la régularité d'un acte. En un mot, aucun moyen de se défendre !

Il faut vraiment que la France soit un pays d'endormis du dimanche électoral pour que l'on accepte cette situation scandaleuse. Il faut ouvrir les yeux. Les droits de la défense seraient une affaire d'acclimatation, si j'ose dire, proliférant dans le bureau du juge d'instruction, inexistants dans le bureau du commissaire. Or, le droit de se défendre n'est pas une affaire de topographie judiciaire, mais une question d'être humain. En ce sens, il est attaché au statut d'accusé, qu'il se défende devant un policier, un procureur ou un juge. D'où la nécessité de réformes urgentes pour mettre un terme à cette honte française qui organise des colonies incontrôlables dans les commissariats sous l'autorité des procureurs.

Que faire ? Comment rattraper le retard accumulé depuis la réforme de 1958 ? On a trouvé : il faut supprimer le juge d'instruction et transférer au parquet les pouvoirs d'investigation, un magistrat du siège intervenant pour autoriser les mesures portant atteinte aux droits et libertés. Un juge arbitre, en quelque sorte, d'un match entre le procureur et l'avocat. Mais encore faudra-t-il que la partie soit juste et que les joueurs possèdent les mêmes droits, les mêmes armes. C'est la délicate question de l'égalité des armes. Si le procureur détient le bazooka de la puissance publique et l'avocat le lance-pierres de l'impuissance privée, la partie judiciaire sera truquée. Elle peut l'être d'autant plus qu'un risque de dépendance existe actuellement chez le procureur statutairement soumis au gouvernement. N'étouffera-t-il pas des affaires pour plaire à ses maîtres ? Tout est possible en ce bas monde où les bassesses s'élèvent souvent très haut ! Voilà pourquoi on préconise une indépendance du parquet. Mais alors, n'est-il pas à craindre un gouvernement des procureurs ?

C'est le grand chambardement, causé par les bombes de la Cour européenne qui pilonnent notre vieil édifice, jugé comme un château fort branlant des abus. Tout est sens dessus dessous ! Les toques virevoltent sous les tempêtes juridiques et les hermines « vierges de souillures » luttent contre les vents nouveaux. On ne sait ce qu'ils apporteront. En tout cas, ça souffle, et fort. Quel chambardement !

Pour comprendre ce qui se prépare, une visite, guidée sinon incompréhensible, est nécessaire dans les coulisses de ce monde de papiers qui broie et perd la boule. Une visite qui passe par les fermetures grinçantes de la garde à vue, par le trou de la détention provisoire, avant d'arriver sur la scène où s'agitent les procureurs, les juges, les avocats. Allons voir, si vous ne craignez pas d'être édifié !

LE BON PLAISIR

La garde à vue

Le citoyen français est un naïf. C'est la raison pour laquelle, sans doute, est-il le grand cocu de la politique, de la police, de la justice, des médias. Il lui faudra du temps pour s'en rendre compte, peut-être autant qu'il en aura fallu à ses ancêtres pour découvrir, en 1789, que le bon roi tardif cocufiait son bon peuple depuis la nuit des temps. On sent bien que notre démocratie bat de l'aile, mais elle maintient l'apparence de son vol, grâce à un énorme déploiement d'artifices de langage, de manières, d'illusions.

Le Français ne veut pas savoir. Tant que « cela » ne lui arrive pas, il n'y croit pas ; il se laisse bercer par les boniments des brocanteurs politiques, des endormeurs qui vaporisent dans la vie quotidienne, par la radio et la télévision, les mensonges de la langue de bois. Dans ces conditions, avec, en plus, les difficultés qu'il y a à vivre aujourd'hui, à se sortir des pièges de la crise, de la peur de l'insécurité, que lui importe la question de la garde à vue. Ce carcan, c'est pour les voyous, les vrais délinquants, les méchants, pas pour le père de famille qui zigzague au volant jusqu'au boulot, pas pour la mère de famille qui va chercher ses gosses à l'école.

Et pourtant, aujourd'hui, cet enfermement arbitraire s'est banalisé ; n'importe qui, pour n'importe quoi, il suffit d'un prétexte, peut être encagé dans la garde à vue pour 24 heures ou 48 heures, parfois plus. Si encore cet enfermement permettait de lutter réellement contre la criminalité, on pourrait le comprendre, mais ce n'est pas du tout le cas. Les statistiques des gardes à vue démontrent le contraire. Il existe, aujourd'hui en France, pays obso-

lète des droits de l'homme, pays des apparences pala-
breuses sur les grands principes, un danger de la garde
à vue qui pèse sur chaque citoyen, et tout le monde s'en
fout, ou presque !

C'est quoi, la garde à vue ? La nuit en plein jour. L'horreur, le cauchemar, l'abandon entre les mains des policiers. Pendant une durée qui peut aller de 24 heures à
48 heures, parfois plus, n'importe qui peut, sur le bon
vouloir d'un policier ordinaire, baptisé « officier de
police judiciaire », se retrouver enfermé dans des conditions cruelles et humiliantes.

Voici une petite histoire, afin de mieux vous faire
comprendre la réalité des rues policières, une petite histoire qui ne concerne ni le grand banditisme ni la guerre
aux voyous.

Une jolie jeune femme, prénommée Myriam, mène une
vie sans histoire, avec ses hauts et ses bas, comme toutes
les vies. Elle a la chance d'avoir un travail ; elle est visi-
teuse médicale, autant dire qu'elle présente bien. Le
9 avril 2008, par un matin de soleil léger, elle prend sa
voiture pour aller travailler ; distraite, elle grille un stop et
frôle une voiture. Une impression d'éraflure, pas de quoi
s'énerver et sortir le fourbi des constats. Elle poursuit, un
peu insouciante, pressée il est vrai, son chemin. Quelques
centaines de mètres plus loin, le véhicule « embouti » la
rattrape, en bondissent des policiers furibonds, qui lui
reprochent un « délit de fuite ». Elle conteste l'infraction ;
après une garde à vue, le tribunal la relaxera, lui donnant
ainsi raison contre les « éraflés ». En attendant, elle les
suit, sans contrainte, au volant de sa voiture jusqu'au

commissariat de Saint-Quentin, où elle patiente pendant vingt minutes sur un banc, sans se douter de ce qui va lui arriver. Un policier, délicat comme un camionneur le jour de la Fête de la bière, vocifère : *« Vous êtes en état d'arrestation, vous avez voulu vous barrer ! »*

La jeune femme, on le comprend, proteste de son innocence ; elle n'a jamais voulu « se barrer » ! Elle siffle dans un sifflet sans roulette ; le policier, sourd, n'entend pas ses dénégations : direction la garde à vue, local de fouille. Dans ses pires cauchemars diurnes ou nocturnes, elle n'aurait jamais imaginé ce qui va lui arriver. Elle doit se déshabiller intégralement, confier une à une ses affaires à une policière, y compris sa petite culotte et son soutien-gorge. On imagine l'humiliation que représente l'obligation de se dénuder même devant une spectatrice homologuée, de subir le regard de la voyeuse sous visière, de lui remettre ses effets intimes, d'être exposée, scrutée. Ce n'est pas tout. En plus d'être à poil, la jeune femme, qui ne sait comment se tenir, doit subir une… palpation. Avec un soin tatillon la policière la tâte, afin de s'assurer qu'elle ne dissimule pas un objet dangereux, Kalachnikov vaginale, bombe anale, couteau clitoridien, grenade de gorge, que sais-je ? Il ne faut prendre aucun risque. Après neuf heures d'une garde à vue inutile, injustifiée, la jeune femme retrouvera le monde dit « civilisé », où ce sont les pervers qui matent et pelotent.

La Commission nationale de déontologie de la sécurité (CNDS) saisie de cette affaire rendra un rapport sévère pour les forces policières du pelotage. Je cite : *« Au regard de la personnalité et du comportement de cette personne qui a suivi volontairement les policiers en conduisant seule son propre véhicule* [les policiers avaient une telle confiance dans le fait qu'elle ne tenterait pas de prendre la fuite qu'ils lui ont donné rendez-vous sur le parking distant de 17 kilomètres du lieu de l'interpellation], *puis patienté dans le hall du commissariat sans entraves et a circulé librement en faisant plusieurs allers et retours jusqu'à son véhicule avant la notification de son placement en garde à vue et du fait qu'elle était inconnue des services de police, la commission estime que la fouille avec déshabillage est constitutive d'un traitement humiliant. Cette mesure de sécurité est injustifiable et témoigne, une fois de plus, au regard des dossiers examinés par la commission, d'un traitement systématique par les fonctionnaires de police, sans prise en compte de la personne qui en fait l'objet, en contradiction totale avec les dispositions du Code de procédure pénale. »*

À cette histoire répétée mille fois, on comprend mieux les recommandations de la Commission nationale de déontologie de la sécurité concernant la fouille à nu, dite aussi « fouille de sécurité ». D'après les instructions applicables, la palpation de sécurité doit être la règle. En conséquence, la fouille à nu doit obéir à des exigences de nécessité et de proportionnalité, et tenir compte des circonstances, qui peuvent être les conditions de l'interpellation, la nature et la gravité des faits reprochés, l'âge de la personne, ses antécédents, son état de santé, le résultat de la palpation de sécurité. On a pourtant constaté que la fouille à nu, horrible et inoubliable humiliation, se pratique sans discernement, comme un strip-tease policier obligatoire. Dans 80 % des 43 affaires examinées, le recours à cette fouille s'est révélé injustifié, selon la commission ! Il est évident que toute personne mise en garde à vue n'est pas susceptible de dissimuler des armes ou de la drogue dans les parties intimes de son corps… Il serait grand temps que ce dénuement dans lequel farfouille la police avec le doigté d'un bâton soit encadré.

La décision d'imposer une fouille à nu devrait être prise par un officier de police et faire l'objet d'une motivation écrite, afin que l'on puisse exercer un contrôle.

Remontons aux sources, c'est le cas de le dire, puisque l'histoire de la garde à vue remonte à Vichy, capitale hépatique de l'État français. C'est, en effet, le régime du Maréchal qui a réglementé la garde à vue, dans la circulaire n° 8.904 du 23 septembre 1943, des individus suspects. Il s'agissait d'éviter les évasions, en prévoyant l'organisation de lieux d'enfermement. En ce temps-là s'évader, c'était souvent survivre. La rétention pouvait durer 24 heures, renouvelable d'encore 24 heures par décision du policier.

Cette circulaire, venue du fond d'une époque honnie par les consciences républicaines, enfin revenues de leurs compromissions, a perduré jusqu'en 1957, pour être honorablement logée dans le Code de procédure pénale. Jusqu'en 1993, malgré les campagnes dénonçant les excès de la garde à vue, rien ne changea dans le droit commun, comme si les élus étaient sourds comme un vieux maréchal de 80 ans !

Vos papiers !

Avant de pousser la porte grinçante de la garde à vue, un mot sur une autre menace sur les libertés, le contrôle d'identité judiciaire et administratif, l'agressif : *« Vos papiers ! »*, aboyé par toutes les polices du monde. En vertu de l'article 78-2, alinéa 1, sans instruction, sans autorisation de l'autorité judiciaire, des officiers de police judiciaire, de simples agents en ayant reçu l'ordre, des gendarmes peuvent inviter (vous noterez l'invite) toute personne offrant des indices apparents de suspicion à justifier, par tout moyen, de son identité.

Voilà des raisons plausibles de soupçonner que le quidam qui chemine sur le macadam a commis ou tenté de commettre une infraction, qu'il se prépare à commettre un crime ou un délit, qu'il peut fournir des renseignements, qu'il fait l'objet d'une recherche ordonnée par une autorité judiciaire, qu'il menace l'ordre public d'une atteinte. Autant dire que le contrôle à la gueule du client entre, sans l'avouer, dans les prévisions de la loi ! Comment le fin limier des coins de rue va-t-il repérer l'individu porteur de ces signes inapparents ?

Vous marchez le long des quais de Seine, des policiers guettent. L'œil virevoltant comme un gyrophare, ils vous regardent ; vont-ils vous demander vos papiers ?

Quelle odeur suspecte, quelle attitude pourrait justifier l'invitation à décliner, puis à justifier, votre identité ? Un comportement caractérisant l'existence ou la préparation d'une infraction, une fuite ou dissimulation à la vue des services de police, une dénonciation…

Le procureur peut également ordonner des contrôles systématiques, d'où, vraiment, la nécessité de revoir le statut de ce commandeur. Des contrôles administratifs peuvent aussi intervenir. Ils sont prévus par l'article 78-2, alinéa 3 lorsqu'il est nécessaire de prévenir une atteinte à l'ordre public, notamment à la sécurité des personnes et des biens. Vaste programme dans le vent duquel chacun peut être emporté. La Cour de cassation exige que ces contrôles soient justifiés concrètement, et non par des formulations abstraites. Les fonctionnaires doivent préciser en quoi la sûreté des personnes et des biens se trouve immédiatement menacée lors du contrôle. Que c'est beau, les grands principes ! En réalité, cela donne : « *Vos papiers !* » (s'il n'y a rien à signaler, « *circulez !* »), et on circule, trop heureux de circuler hors du cercle des contrôles. D'autres motifs de demande des papiers existent, les contrôles routiers et les vérifications de la situation d'un étranger.

Que se passe-t-il si vous n'avez pas vos papiers sur vous, si, comme vous, vos papiers pâlissent, ou si, dans un moment de mutinerie, vous refusez de les montrer ? Vous allez passer au poste le « *temps strictement exigé par l'établissement de votre identité* ».

Quelle étrange expérience que de subir un enfermement qui ne peut excéder quatre heures pour cause d'identité

incertaine, douteuse, absente. Quatre heures de « rétention », selon le jargon des rétenteurs, ce n'est pas rien,
surtout si l'on est bien celui qu'on est, mais ce dont
l'autre, sous le képi, doute. Souvent, trop souvent, cet
enfermement de vérification prépare un autre enfermement plus dramatique, la garde à vue, lieu où la liberté
du citoyen subit ses plus graves atteintes. L'un des plus
grands dangers que l'État puisse causer réside dans l'atteinte à la liberté individuelle par la garde à vue et la
détention provisoire.

La garde à vue, une horreur française

Quand on veut suivre l'histoire récente de la garde à vue, il faut s'accrocher. Un roman policier ! Elle se porte bien, puis on croit qu'elle va mourir… Non, elle renaît de ses cendres, titube, agonise, se redresse et, finalement, vous l'allez voir, elle se fait assommer au moment où on s'y attend le moins…

Instaurer l'État de droit, c'est encadrer, limiter, surveiller les pouvoirs des agents de la puissance publique dans l'exercice des prérogatives liberticides. La prise de la Bastille, presque vide de prisonniers mais boîte aux lettres symbolique des lettres de cachet, image de l'arbitraire, célébrée chaque 14 juillet, est l'expression emblématique des haines de la tyrannie. Il existe encore, en France, de petites bastilles bonnes à prendre, où le garde-chiourme humilie et blesse ; la garde à vue est une de ces bastilles où l'on tolère, en raison des fantasmes sécuritaires, du leurre sécuritaire, d'abandonner le citoyen à la toute-puissance de la police, aux excès toujours possibles de l'abus de pouvoir. On le sait, mais on laisse faire. Pourquoi ?

On est arrivé au moment où les réformes s'imposent pour deux raisons accablantes. D'abord, parce qu'il existe, en raison de l'évolution des mœurs, une opposition entre la loi et la société pour laquelle elle est faite, un décalage qui la rend inappropriée, démodée, liberticide. Elle heurte une nouvelle sensibilité démocratique. Ensuite, parce qu'à l'usage, à l'usure, la loi, c'est le cas depuis la première nuit de la garde à vue, est détournée de son but et que son application devient abusive par le fait des hommes réglementaires. La garde à vue, chasse gardée de la police, est le fruit vénéneux des impératifs de la pratique policière dans un temps moyenâgeux où les garanties individuelles et les droits de l'homme faisaient rigoler Javert et Maigret.

Les abus ont perduré jusqu'à aujourd'hui dans l'indifférence des juges, cependant gardiens attitrés des libertés. Les noms de Deveaux, Mis et Thiennot, Patrick Dils, des accusés d'Outreau sont associés à ces abus. À ces noms connus s'ajoutent les noms inconnus. Il faudra attendre l'affaire Tomasi, en août 1992, pour que la Cour européenne sanctionne la France, pays perdu des droits de l'homme, en raison même des conditions de notre bonne vieille garde à vue, pour qu'on s'avise enfin d'y apporter quelques modifications de façade. La loi du 4 janvier 1993, modifiée par celle du 24 août de la même année, encadra la garde à vue et attribua des droits à la personne gardée. Malgré cet effort qui fit hurler de douleur gendarmes et policiers, la France fut encore condamnée pour des violences pendant la garde à vue par l'arrêt Tomasi. Cette condamnation amena le vote de la loi du 15 juin 2000.

Le citoyen est-il mieux protégé de l'arbitraire du bon vouloir d'un policier, d'un procureur, d'un juge ? Certainement pas, et l'accroissement de cette mesure – on est passé de 364 535 gardes à vue en 2000, 562 083 en 2007[1] à 900 000 en 2009 – a de quoi inquiéter le citoyen sur qui elle peut s'abattre pour trois verres de vin !

C'est la mésaventure que raconte dans son passionnant livre Matthieu Aron[2]. Au sortir d'un restaurant, vers 23 heures, il tourne dans une petite rue qu'il connaît bien. À peine s'y est-il engagé qu'il aperçoit un panneau de sens interdit. Depuis la veille, la rue n'est plus à double sens. Il recule aussitôt. Pendant qu'il effectue sa manœuvre, un équipage de police déboule et le fait souffler dans un éthylotest. Résultat positif. Il s'apprête à payer une amende, à voir s'envoler dans les légères vapeurs de son bordeaux quelques points de son permis. Il rêve dans un autre monde. Les policiers lui passent les menottes et l'embarquent. Il se croit dans un film, c'est pourtant la réalité : pour trois verres, c'est la loi !

Arrivé au poste, on lui demande de souffler dans un éthylomètre de compétition. S'il dépasse 0,25 mg d'alcool par litre, il est passible d'une contravention ; s'il dépasse 0,40 mg, il entre dans la catégorie des délinquants. Suspense, puis verdict : 0,46 mg. Il s'imagine alors que les choses vont s'arranger, il demande à un policier : « *Ce n'est pas trop mal, je suis juste au-dessus de la limite ?* » Le policier répond : « *Oui, mais c'est au-dessus justement !* »

On le conduit alors dans une pièce où il se déshabille. Un policier le surveille sévèrement. Ce dernier a 20 ans,

---

1. Chiffres extraits d'un dossier publié dans *Le Monde* du 23 avril 2008.
2. Matthieu Aron, *Gardés à vue*, Éditions Les Arènes, 2010.

lui en a 40. Il palpe prudemment sa chemise, son pantalon, ses chaussettes, puis l'autorise à se rhabiller ; il l'emmène dans le couloir, le fait asseoir sur un banc, l'y attache avec des menottes ! Il patientera ainsi pendant cinq heures, oui, cinq heures, jusqu'à ce qu'un fourgon le conduise à l'hôpital pour subir un examen de cirque ; rester en équilibre à cloche-pied, compter le nombre de doigts sur une main, lire l'heure… Il passe brillamment l'examen d'entrée au cirque.

Il retourne au commissariat, où il retrouve son banc bouseux et les menottes. Il est 6 heures du matin. Drôle de nuit. Un officier de police judiciaire condescend enfin à l'interroger, le forban reconnaît les faits. Son permis est suspendu ! Il peut espérer maintenant rentrer chez lui, il n'a tué ni père ni mère, il a bu, à la française, trois verres de vin, pas de quoi casser trois pattes à un poulet.

Là encore, il rêve. Enfin, si l'on ose parler de rêve dans un cauchemar. L'officier de police lui annonce que la phase de dégrisement étant terminée, commence… la garde à vue ! Il se retrouve dans un réduit de 7 ou 8 mètres carrés, étouffé par des murs en béton armé, sans éclairage, avec un banc en ciment qui sévit le long de la pièce. Il n'y a pas de place, il reste debout. Puis, par « charité », on le réinstalle sur son banc du début. À 10 heures du matin, il retrouve enfin la liberté. Trois mois plus tard, il sera jugé. Le tribunal considérera que sa garde à vue était illégale, qu'elle n'avait pas lieu d'être, pour un motif de bon sens : les policiers lui avaient fait signer un document détaillé sur la liste de ses affaires saisies. S'il était assez lucide pour lire et comprendre un procès-verbal, il

était assez lucide pour rentrer chez lui ! Donc une garde
à vue inutile, un vol de liberté de plusieurs heures, pour
rien… La loi délire, le Français trinque, pourquoi ? La
seule façon de répondre est de pousser la lourde porte de
cette institution.

Ce qui vous attend derrière la porte

Quelles sont les conditions d'un placement en garde à vue ? Comment cette « chose » odieuse pourrait-elle vous arriver ? D'abord, cher citoyen irréprochable, sachez que la garde à vue peut avoir lieu n'importe où, « sur les lieux de l'enquête » ; elle peut être mise en œuvre partout où se trouve la personne qui en est l'objet, y compris à son domicile. En réalité, elle s'exécute presque toujours dans les locaux de la police ou de la gendarmerie. Les fonctionnaires de l'autorité préfèrent jouer à domicile. Aussi, au fil du temps, ces placards policiers ont-ils été soumis à un minimum de contrôles, hélas devenus théoriques.

Le procureur de la République doit visiter les locaux chaque fois qu'il l'estime nécessaire et, au moins, une fois par an. Il doit porter sur un registre le nombre et la fréquence des contrôles effectués. C'est dit, est-ce fait ? C'est un autre problème. Le papier et la théorie font très bon ménage avec la réalité qu'ils ignorent. Comme s'il n'y avait pas assez de paperasse hypocrite, il est aussi prévu un registre spécial dans tout local de police ou de gendarmerie susceptible de recevoir une personne gardée à vue ; sur ce registre, on doit noter les dates et heures de début et de fin de garde à vue ainsi que la durée des interrogatoires et des temps de repos. Cependant, on n'a jamais entendu un registre restituer les cris, les humiliations, les bruits de menottes. Les députés et les sénateurs peuvent aussi effectuer de telles visites. Ils n'abusent pas de ce droit. Certains ignorent même qu'ils possèdent ce droit… Je l'ai vérifié !

Il y a loin des lustres du Parlement et du Sénat aux cages croupissantes de la République. Un autre intrus peut pousser les portes des commissariats, le contrôleur général des lieux de privation de liberté. Le beau monde pourrait ainsi croiser la populace des nuits policières, s'il voulait s'en donner la peine. Toutes ces précautions inutiles, à elles seules, devraient suffire à faire frémir. Elles en disent long sur la suspicion. Il n'empêche, l'état de ces locaux est la honte de la République ! *« Inacceptables »*, *« indignes »*, *« choquants »*. Voilà, en quelques adjectifs définitifs, l'opinion d'Álvaro Gil-Robles, le commissaire aux droits de l'homme du Conseil de l'Europe, sur les locaux français des gardes à vue. Il n'aurait rien vu de tel, sauf, peut-être, en Moldavie ! On peut toujours afficher la Déclaration des droits de l'homme, on se fout du monde.

Ce constat date de septembre 2005. Trois ans plus tard, le contrôleur général, Jean-Marie Delarue, rend public un rapport terrifiant : *« La plupart des lieux de garde à vue restent dans un état indigne pour les personnes qui y séjournent, qu'elles soient interpellées ou qu'elles y exercent leur fonction. Les cellules de garde à vue, comme les cellules de dégrisement sont les lieux les plus médiocres des locaux administratifs les plus médiocres*[1]. *»*

---

1. Rapport Delarue, 2008.

Que dire de plus ? Tout est dit. La garde à vue est une punition prononcée sans jugement dans laquelle entrent l'arbitraire, l'humiliation, la souillure, la violence, l'odeur de pisse et de merde, le dénudement, la perte des repères, le manque de sommeil, la peur. Tout un chacun peut y avoir droit pour un mot de trop, l'outrage, un verre de trop, un geste de trop, la rébellion. Vous ne me croyez pas ? Je protège le confort des grands criminels, peut-être ? Voici l'histoire rapportée par Matthieu Aron dans son livre.

L'âge lui-même, jadis protecteur, ne protège plus des atteintes policières. Cheveux blancs contre casque d'ordre, c'est l'apologue de la mésaventure survenue à deux paisibles retraités, âgés de 69 ans et 70 ans. Ponctuellement, depuis des années, ils apportent, dans la même promenade, leurs économies à la BNP ; c'est leur banque et ils ont toute confiance dans la face de guichet qui s'occupe d'eux. Un jeudi du mois de mars 2006, événement, ils décident d'aller à la banque pour retirer un chéquier. Ce jour-là, le mauvais sort les guette. L'employé, souriant de son sourire systématique, leur remet le chéquier. Quel rapport, me direz-vous, avec la garde à vue ? Vous allez voir. Nantis de leur chéquier, ils font des chèques, dûment signés pour les achats de la vie quotidienne. Un rien peut faire dérailler la routine de vie la plus peignée. Tous les jours, à la même heure, le facteur passe, apportant son lot, sans surprise, de courriers attendus, essentiellement des factures.

Ce 15 octobre 2007, pourtant, et pour la première fois, un courrier administratif, une convocation de police sème la panique dans la boîte aux lettres endormies. C'est une convocation qui précise, comme d'habitude, « *affaire vous concernant* » au commissariat d'Athis-Mons, pour le 18 octobre 2007. Déjà, le simple fait de recevoir une convocation angoisse, même lorsqu'on n'a rien à se reprocher. Surtout, peut-être, quand on n'a rien à se reprocher. Le coupable sait à quoi s'attendre, pas l'innocent ! L'un est parachuté en territoire connu, l'autre pas. À peine arrivés au commissariat, Christian et Madeleine sont placés en garde à vue pour escroquerie. Laquelle ? Mon Dieu, ils n'ont jamais volé, même pas un jour de fausse maladie à la Sécu. Honneur aux dames, Madeleine est la première à subir la fouille intégrale : soutien-gorge et slip enlevés et inspectés par deux petites mains de policière pétrisseuse. On lui confisque aussi ses lunettes, qui ne lui seront même pas restituées au moment de signer le procès-verbal. Christian, chanceux, a droit à une fouille plus légère : il doit se déshabiller, mais conserve son tee-shirt et son slip pour subir la palpation policière des mains mâles. C'est tellement con que l'on aurait envie d'en rire, si ce n'était l'humiliation subie par ces retraités, qui pourraient être nos pères ou nos mères.

Au fait, pourquoi ces mesures vexatoires ont-elles été prises ? Quel crime, quelle menace sur la sécurité pouvait les justifier sur une femme de 69 ans et un homme de 70 ans, tous deux inconnus des services de police ? Par erreur, l'employé de la banque leur avait remis un chéquier appartenant à un tiers. Ils ne s'en étaient pas rendu compte et avaient fait les chèques habituels en signant de leur signature, ce qui signe leur bonne foi évidente. Alors, pourquoi tout ce cruel cinéma ?

La Commission nationale de déontologie de la sécurité a été saisie d'une plainte ; elle a conclu que la fouille était « *inutile et vexatoire* ». Dans le cadre de son enquête, elle a entendu les policiers du commissariat, qui pensaient que « *c'était obligatoire* » et qui avaient des « *consignes écrites à ce sujet* ». Le commissaire, principal responsable, ganache autoritaire, admit avoir donné l'ordre par écrit de « *fouiller systématiquement tous les gardés à vue* ». Les instructions données par ce fouilleur fanatique sont en totale contradiction avec la loi. C'est à se demander si on connaît la loi dans les commissariats… L'affaire, pour une fois, est remontée jusqu'à Alliot-Marie, qui a été obligée de désavouer les policiers et d'engager des poursuites disciplinaires. Des exemples, je pourrais en citer, à l'ordre du bataillon des citoyens humiliés, maltraités pour rien, des tonnes ; ces exemples pullulent dans les articles, dans les livres, dans la réalité, d'autant que 2 500 personnes sont placées en garde à vue chaque jour[1], une hécatombe. Il ne faut pas s'inquiéter, même si « *en matière de garde à vue la France ne parade pas en tête des pays européens protégeant les libertés individuelles*[2] ».

On oublie vite au pays de la mémoire courte. Qui se souvient de l'arrestation à l'aube de l'ex-directeur de la publication de *Libération*, de Filippis, pour une insignifiante

---

1. Selon Alain Vidalies, lors d'une intervention sur la proposition de loi relative à la présence effective d'un avocat dès le début de la garde à vue, le 25 mars 2010.
2. Laurence de Charette, *Le Figaro*, 11 janvier 2010, citant une étude du Sénat.

affaire de diffamation ? Il avait été menotté, dénudé, fouillé, humilié, gardé à vue pour un délit de presse en aucun cas passible d'une peine de prison. Pourquoi une telle disproportion, un tel abus de pouvoir ? Il avait commis un attentat à l'ego des policiers ; il n'avait pas répondu à leur convocation. Il eut droit à la garde à vue, punition du Père Fouettard flic.

On est loin du principe établi par Cesare Beccaria : « *Pas plus qu'il n'est juste, pas plus qu'il n'est utile* », qui fonde le principe de proportionnalité.

Autant dire que chacun peut, doit se sentir concerné par cette chausse-trape, qui laisse indifférent le délinquant chevronné, mais détruit l'honnête homme quand, par hasard, par abus, par méchanceté, par bêtise, il y tombe.

Allons-y voir de plus près, entre l'apparence et la réalité, entre la loi telle qu'elle s'écrit et la loi telle qu'elle s'enfreint, aux côtés des gardés à vue pour avoir traversé la rue quand le feu était vert, pour avoir acheté un épi de maïs à un vendeur à la sauvette, pour avoir fumé un joint, pour avoir cassé une vitre, pour avoir bu trois verres de vin, pour avoir haussé le ton, pour avoir conduit sans permis, pour avoir houspillé à l'école la fille du commandant de police, pour avoir fait du bruit et dérangé la nuit le procureur, pour avoir conduit en zigzaguant un vélo, volé un gigot dans un supermarché, crié, une dernière fois, dans un ultime cri d'autrefois : « *Mort aux vaches !* »…

Mais que faut-il pour que cela vous arrive, ou comment naissent les emmerdements dans une République sonorisée par les prêches humanistes ?

Comment arrivent les emmerdements ?

En faculté on s'interroge : quelles sont les conditions rendant possible le placement en garde à vue ? Derrière le rideau de ces doctes considérations, il faut voir la réalité ; pour ne pas mourir naïf, il faut garder à l'esprit qu'un texte de loi s'applique toujours en passant par le truchement tortueux des hommes.

Que font-ils, ces hommes de loi, dans la réalité des faits ? C'est l'arrière-pays de l'hypocrisie, des questions qu'il ne faut surtout pas poser, des accommodements avec la loi, des arrangements de mecs aux méthodes musclées. À lire les textes, tout va bien ; vous allez voir, ce n'est pas du pipi de chien policier, c'est du sérieux. La police ne peut enfermer dans le scaphandre de la garde à vue que des individus contre lesquels il existe une ou plusieurs raisons plausibles de penser qu'ils ont commis ou tenté de commettre une infraction. Elle peut aussi claquemurer l'individu dont la garde à vue est commandée par *« les nécessités de l'enquête »*. Voilà des mots austères, valant leur pesant de gravité, qui rassurent : *« raisons plausibles »*, *« nécessités de l'enquête »*. On peut dormir tranquille, les mots montent la garde, le moteur sonore ronfle.

Tout ce verbiage, c'est du décor de papier imprimé pour théâtre judiciaire, de la blague. Le policier fait ce qu'il veut ; il est seul juge, ce qui est le comble pour un policier, des nécessités de l'enquête, des raisons plausibles.

Aucun contrôle n'est exercé par les gardiens judiciaires de nos libertés sur le critère des nécessités. En revanche, les raisons plausibles de soupçonner relèvent théoriquement d'un contrôle juridictionnel qui va toujours dans le sens des abus. La Cour de cassation a validé les plus invalides des gardes à vue. Ainsi l'enfermement d'un citoyen, sans motif apparent, qui demeure des heures sans être interrogé, qui reste retenu longuement après sa première ou sa dernière déposition, qui répondrait sans contrainte mais qui est contraint, est-il systématiquement justifié par les juges.

Ne faudrait-il pas, dans ces conditions, transférer au juge administratif le soin de veiller au respect des libertés ? Il s'est montré jusqu'alors plus soucieux de protéger les libertés que le juge judiciaire qui se fourvoie trop souvent dans les impératifs de la répression, dans le rôle de procureur, de juge d'instruction, et qui travaille menotte dans la menotte avec la police. Pour s'en convaincre, il suffit de compter le nombre de fois où la Cour de cassation est cassée par la Cour européenne des droits de l'homme ! La plupart du temps, la garde à vue est infligée non pour les nécessités de l'enquête, mais *« pour pallier les déficiences d'organisation ou de moyens »*, et pour d'autres raisons illégales.

Qui prend la décision de vous infliger les pires 48 heures de votre vie ? Qui a ce pouvoir ? Un officier de police judiciaire, rien de plus. Mais qu'est-ce donc qu'un OPJ, comme on dit ? L'État a réorganisé les forces de police pour répondre à la demande de sécurité. Comme toujours, il l'a fait à l'économie, à la resquille, en augmentant le nombre de gardiens de la paix et de brigadiers, et en permettant à ces simples flics de mener des enquêtes.

En 1998, le législateur leur accorde la possibilité d'obtenir, après un concours – grand mot pour le passage devant une commission –, l'habilitation d'officier de police judiciaire. En fait, un simple gendarme, un simple gardien, peut être armé du magnum de la garde à vue. Pure folie ! On peut faire ainsi des économies de recrutement des commissaires et des officiers de police, quel pauvre pays ! Avant la réforme de 1998, ces fonctionnaires en tenue, casquette et sifflet appartenaient aux unités dites « de ramassage » ; ils ramassaient les poivrots dans la rue et les conduisaient au poste. Ensuite, les inspecteurs faisaient le tri entre le bon grain et l'ivresse. Sélection salutaire. Aujourd'hui, ces gardiens ramasseurs, relevés aux hauteurs d'officiers de police judiciaire, effectuent eux-mêmes le tri sans avoir ni les connaissances ni la formation des officiers de police. Il faut, pour gagner ce titre, posséder au moins une licence. Jusqu'en 2006, les aspirants gardiens de la paix n'avaient même pas besoin du bac pour se présenter au concours. Il ne faut, certes, pas pratiquer l'arrogance du diplôme, mais on pourrait exiger de ceux qui enserrent de leurs mains de mauvais écoliers le cou de nos libertés une certaine formation, non ?

Une fois la décision prise par une autorité policière qui s'arroge le pouvoir du juge, quel contrôle la démocratie exerce-t-elle sur cette emprise dangereuse ? En théorie quelques-uns, impressionnants sur le papier comme sentence dans le marbre. En pratique, ils sont inefficaces pour cause de fatigue, de surcroît de travail, d'absence de moyens, de volonté ; la vieille rengaine, en somme, des régiments de déserteurs de leurs devoirs. Informer le procureur, c'est déclencher la caméra de surveillance. Mon œil ! On donne une importance protectrice, qu'elle n'a pas, à l'information du procureur. Un magistrat, enfin ce qu'il en reste depuis la carbonisation du titre par la justice européenne, est informé dans l'heure qu'un citoyen vient d'être privé de sa liberté ; cela doit suffire à rassurer tout le monde, en raison de l'idée magique selon laquelle prévenir un juge, c'est réveiller une conscience.

En réalité, sauf exception, l'information, le jour, se borne à un coup de fil, et la nuit à l'envoi d'un fax qui tombe dans les bras de Morphée. Les exigences de la loi cèdent devant les exigences du plumard. La Commission nationale de déontologie de la sécurité a déploré, à plusieurs reprises, que des officiers de police judiciaire n'aient pu, après 19 heures, prendre contact avec un procureur[1]. Ce qui a eu pour effet de prolonger inutilement la garde à vue jusqu'au lendemain. Bonne nuit les consciences !

De toute manière, et en outre, tous les professionnels savent que juges et procureurs accordent majoritairement une confiance aveugle à la police, *« ma police »*, disait un procureur propriétaire. Donc, il y a peu, très peu à attendre, de l'information du procureur, qui a d'autres chats à fouetter le jour et la nuit.

____

1. *AJ pénal*, Dalloz Revues, novembre 2010, p. 473.

En cas de prolongation de la durée de la garde à vue, l'autorisation du magistrat est obligatoire. On ne joue pas les prolongations sans permission du père procureur qui peut, à tout moment, prescrire la levée de la mesure. Le policier a le pouvoir d'enfermer, mais pas de « désenfermer »... Dans une de ses saisines, 2009-196, la Commission nationale de déontologie de la sécurité a tout de même rappelé que les officiers de police judiciaire ont la possibilité de décider la fin d'une garde à vue dès que les éléments recueillis font apparaître manifestement qu'aucune poursuite n'est susceptible d'être exercée. Théoriquement, les procureurs doivent vérifier si un placement en garde à vue est, ou non, légitime. Ce contrôle est la seule protection contre l'arbitraire, c'est dire son importance.

Dans la réalité, cette exigence légale est bafouée tous les jours et toutes les nuits sans le moindre embarras de scrupule. Le fax suffit à respecter la loi qui garantit le respect des libertés individuelles, c'est le fax factotum. Le policier envoie un fax et la farce du fax est jouée. Les magistrats ne consultent pas ces fax. Un agent administratif les récupère, les envoie au casier judiciaire à Nantes, la réponse arrive dans les 30 minutes. Et là, on attend (la liberté des autres a une grande patience) que le policier sollicite une prolongation ou une levée de la mesure. À ce moment-là, après 24 heures de purgatoire du puni, le magistrat daigne intervenir – si l'on ose parler d'intervention – ; il se contente de dialoguer quelques minutes avec le policier. Il entérine, faute d'éléments, le point de vue du fonctionnaire. Le soir, la nuit, qui guette, éveillé, veilleur du droit, derrière le fax ? Personne. Il y a, bien sûr, un procureur de permanence, chez lui, au chaud, dans le lit douillet des petits principes ; mais on ne le réveille que si l'affaire est grave ! On ne réveille pas un procureur qui dort. En fait, le contrôle par le parquet est totalement truqué depuis que la Cour de cassation a jugé que l'avis par fax était valide. Grâce au fax, on s'en fout ! On ne dira jamais assez le rôle négatif de notre Cour de cassation dans le confortement d'un certain état d'esprit ! En même temps, soudain, elle peut surprendre en se montrant gardienne sourcilleuse des droits qu'elle a dédaignés.

Vous me direz, les appels téléphoniques ne sont pas plus efficaces. Ils pleuvent sur les permanenciers comme sur le standard de TF1 un jour de grand jeu. Parfois, le policier piétine plus d'une demi-heure, voire trois quarts d'heure avant d'avoir un procureur au bout du fil. C'est la réalité, elle tient dans une donnée quantitative : comment 4 ou 5 procureurs à Paris pourraient-ils vérifier le bien-fondé des 60 000 à 70 000 gardes à vue décrétées par an ?

Ça va changer ?

Tout le monde est au courant de cette situation scandaleuse, mais on fait comme si de rien n'était. On oblige des magistrats censés faire respecter la loi à la violer sous l'effet de l'usure du temps, de l'abandon des devoirs, de la routine. Les choses ne sont pas différentes pour les gardes à vue inutilement prolongées par confort policier parce qu'il n'y a pas assez de fonctionnaires ou parce que les magistrats sont injoignables. Que tonnerait un juge contre un médecin de garde qui ne répondrait pas ?

Le 21 janvier 2007, le sénateur François Zocchetto, rapporteur de la loi sur l'équilibre de la procédure pénale, s'indignait auprès de ses collègues parlementaires : *« La durée des gardes à vue excède souvent celle strictement nécessaire à l'enquête : ces gardes à vue dites "de confort", souvent décidées la nuit ou pendant les week-ends, se prolongent le temps nécessaire pour permettre au parquet de prendre une décision sur l'action publique. En effet, si l'initiative de la garde à vue relève de l'officier de police judiciaire, il appartient au ministère public d'y mettre un terme. »*

La nuit, les procureurs dorment du sommeil du juste et on se garde bien de troubler l'effet de leur tisane. Quoi de plus normal ? On ne les réveillera que pour une affaire grave, un crime par exemple ! Cas, au demeurant, dans lequel la prolongation est quasi inévitable. Mais pour le menu fretin des choses banales, petites infractions ou délinquance de rue, les lois de la nature l'emportent sur les lois de la République : *« La nuit reste la nuit et le week-end reste le week-end*[1] *»* !

Cette absence de contrôle a des conséquences dramatiques. Elle libère les forces obscures de la petite punition, forces perverses largement répandues dans notre espèce. Chez nombre de policiers, la garde à vue est perçue comme une punition. Le pouvoir de l'infliger génère une sorte d'ivresse méchante. Un syndicat de police, courageusement, l'a dénoncé dans une note interne. Tout le monde s'en fout. Et pourtant, on est au cœur des atteintes à nos libertés quotidiennes.

Le Conseil constitutionnel, qui ne siège pas sur une barricade, a rappelé solennellement : *« La garde à vue mettant en cause la liberté individuelle dont, en vertu de l'article 66 de la Constitution, l'autorité judiciaire assure le respect, il importe que les décisions prises en la matière par les officiers de police judiciaire soient portées aussi rapidement que possible à la connaissance du procureur de la République ou du juge d'instruction, afin que celui-ci soit à même d'en assurer effectivement le contrôle*[2]. *»*

C'est quoi, un État de droit ? Réponse toute con : c'est un État dans lequel les juges respectent la loi ! Nos gardiens des libertés individuelles, ils gardent quoi ? Le *Journal*

---

1. Matthieu Aron, *Gardés à vue*, *op. cit.*
2. Conseil constitutionnel, 11 août 1993.

officiel et les vents chauds des promotions ! La faillite de notre système judiciaire tient en très grande partie au fait que la loi n'est pas respectée par ses gardiens.

Bonne nouvelle : la garde à vue est un droit ! Oui, un droit, vous avez le droit d'être mis en garde à vue, de perdre votre liberté sur l'avis d'un ramasseur. C'est beau, la protection des lois ! Vous savez maintenant que pour trois verres de vin vous pouvez vous retrouver dans les geôles de la République des sobres, tout comme pour un mot qui aura choqué le tympan d'un agent de police outragé dans son certificat d'études, tout comme pour avoir conduit avec un permis percé comme une passoire par perte de points.

Comment en est-on arrivé à cette épidémie de gardes à vue dans le pays des droits de l'homme, dans l'école universelle qui donne des leçons au monde entier sur le respect des principes ?

Comme toujours, l'enfer est pavé de bonnes intentions. La charmeuse de précipice fut Élisabeth Guigou, qui fit voter le 23 mars 1999 une loi visant à mieux encadrer la garde à vue, loi qui confère au suspect de nombreux droits : présence de l'avocat dès la première heure, visite médicale, coup de fil pour prévenir les proches, droit de se taire, visite obligatoire des procureurs tous les trimestres, interdiction de placer les témoins en garde à vue. Enfin, l'avocat, l'intrus, entre chez le flic, plus d'un siècle après qu'il fut entré chez le juge. Inutile de dire que les policiers se sentirent persécutés par cette loi permissive. Cette réaction en dit long sur un état d'esprit qu'on ne veut jamais analyser. Pourtant, dès 1958, le procureur général Antonin Besson préconisait l'intervention de l'avocat au bout de 24 heures. C'était il y a plus de quarante ans !

Dans ce contexte nouveau d'octroi de droits, le 6 mai 2003, la chambre criminelle de la Cour de cassation rend un arrêt dogmatique. L'affaire est banale, l'arrêt ne l'est pas, comme c'est souvent le cas. La Cour de cassation prisant les petits faits pour produire de grandes causes. La justiciable se prénomme Micheline. Le 30 mai, à 10 h 15, deux gardiens de la paix l'interpellent et l'accusent d'outrage. Elle est immédiatement conduite au poste et interrogée à 11 h 20. À 12 h 20, un enquêteur lui remet une convocation pour une audience devant le tribunal correctionnel. En digne héritière du vieux Crainquebille, la voilà donc poursuivie pour outrage sur fonctionnaires, forcément offensés ! Elle est libre, il est 12 h 10. Elle a passé deux heures entre les menottes des outragés. Un laps de temps toujours trop long, certes, mais qui, par rapport aux enfermements qui traînent 24 ou 48 heures dans l'inutilité crasseuse des commissariats, paraît peu de chose. Elle a été traitée correctement.

Quelque chose d'inattendu va se produire, qui est de l'ordre du casse-tête casuistique juridique. Son avocat, un chicaneur, croyant bien faire, s'est mis dans l'idée de faire annuler la garde à vue ! Il soulève, fier comme un inventeur, un point de droit : Micheline a été conduite au commissariat sous la contrainte et elle n'a pas été placée en garde à vue, donc elle n'a pas bénéficié des droits attachés à cette mesure coercitive : l'avocat, le médecin, le coup de fil, l'information sur la nature de l'infraction !

Elle a été dépossédée de ses droits. Les policiers ont agi en dehors des clous de la loi.

La procédure grimpe jusqu'à la Cour de cassation qui donne raison à l'outrageuse : les policiers auraient dû la mettre en garde à vue ! Cet arrêt surprend les fonctionnaires en uniforme et en blouson de cuir. Il devient, dans les commissariats qui se transforment en comptoir de la jurisprudence, le sujet de tous les commentaires. Plus de doute, la garde à vue doit devenir automatique, sous peine d'annulation systématique. Ils n'en demandaient pas tant, les pandores ! Voilà comment l'enfer, une fois de plus, est pavé de bonnes intentions, pavés qui retombent sur la gueule du citoyen.

L'interprétation de cet arrêt liberticide, au nom du respect des droits, est discutable. En effet, le 2 novembre 2003, la Cour de cassation a rendu un autre arrêt, décidant que : « *Aucune disposition légale n'impose à l'officier de police judiciaire de placer en garde à vue une personne entendue sur des faits qui lui sont imputés dès lors qu'elle a accepté d'être immédiatement auditionnée et qu'aucune contrainte n'a été exercée durant le temps strictement nécessaire à son audition où elle est demeurée à la disposition des enquêteurs.* » En d'autres termes, moins juridiques mais plus clairs, la seule circonstance imposant le placement en garde à vue réside dans l'exercice d'une contrainte !

Quand y a-t-il contrainte ? Délicate question. En effet, il n'est pas aisé de déterminer si un citoyen entendu par les services est enserré dans « une situation de contrainte » ou ne l'est pas ! Afin de dissiper tout malentendu, les policiers et les gendarmes mentionnent dans un procès-verbal que l'individu a accepté de les suivre de sa propre volonté, de rester à disposition, de répondre aux questions. Est-ce cependant suffisant ? La contrainte doit être objectivement caractérisée.

Une arrestation, un refus de comparaître, une attitude rebelle, un crime ou un délit flagrant sont des signes évidents de contrainte. En revanche, une simple convocation ne s'analyse pas en une forme de contrainte, pas plus que l'invitation à demeurer à disposition. Encore faut-il que la contrainte soit actuelle. Qu'est-ce à dire ? Cela signifie que même si les conditions de l'interpellation d'une personne relèvent d'une mesure de coercition autre que la garde à vue, cela n'implique pas qu'à l'issue de cette mesure, elle se retrouve, de fait, dans une situation de contrainte. Elle peut donc être auditionnée sans subir la garde à vue ! Exemple : un poivrot, comme il en pousse sur le bitume des rues tristes d'un soir, placé en chambre de dégrisement, une fois dégrisé ne doit pas être gardé à vue.

Alors, pourquoi tant d'abus ? À cause des ivresses du petit pouvoir contre lesquelles il n'existe pas de chambre de dégrisement... Oui, il existe des poivrots du petit pouvoir !

On aurait donc des droits dans l'absence de droits ? Il est beau, le paradoxe. Quels sont ces droits funéraires ?

D'abord, celui d'être informé de la durée de la garde à vue, histoire de connaître la durée du tunnel – ça réconforte ! Ensuite, celui d'être informé sur la nature de l'infraction, c'est-à-dire de connaître le simple libellé de l'infraction – violences, vol, abus de confiance, agressions sexuelles, menaces, escroqueries, j'en passe et des pires. Autant dire qu'on ne sait rien des méfaits que la police reproche. On s'explique dans l'incertitude des accusations, dans la nuit noire des suspicions inconnues. Comment se défendre ?

Enfin, le droit de s'entretenir avec un avocat, de prévenir un proche, de faire venir un médecin. Il fut un temps, de courte durée, où il y avait aussi le droit de se taire, dit « droit au silence ». Ce droit n'a pas duré longtemps, l'idée qu'un citoyen puisse revendiquer le droit de se taire devant un policier étant insupportable à la gent interrogatrice.

Dans le détail concret, qu'en est-il de ces fameux droits ? Inclinons-nous un moment devant la théorie avant de rire sinistrement de la réalité.

Il y a d'abord le respect de la dignité de la personne. Le principe est affirmé avec la solennité des grandes déclarations gravées dans le marbre des monuments aux principes morts de leur contact avec la réalité. Dans la réalité, il suffit de voir l'état délabré de nos commissariats pour frémir devant l'absence d'hygiène, de confort, de correction. On constate alors que la dignité du papier cul n'existe même pas !

Il y a, ensuite, le respect des droits de la défense. Il implique que la personne gardée à vue soit informée de la nature de l'infraction qu'on lui reproche. Autant dire qu'on ne lui dit rien. On lui colle une étiquette pénale qui agit sur l'inquiétude comme un accélérateur de peur.

Elle sait qu'on lui reproche d'avoir enfreint une catégorie pénale, rien de plus. Elle ignorera tout des faits, des lieux, des heures, des victimes, des témoins, des éléments à charge.

Comment se défendre dans l'ignorance du contexte ? Le jeu est pervers. Autant se déplacer dans une nuit pleine d'embûches sans la moindre lanterne. Une consolation est apportée à l'isolé ; il peut, dans un encadrement draconien, faire prévenir un proche de sa soudaine disparition. Au moins la famille ne courra pas les hôpitaux et les morgues. Mais il faut préserver la sécurité des investigations, et là, les bonnes intentions humanistes s'effondrent devant la réalité des rouages policiers. Le coup de fil doit être passé par un policier. On peut comprendre. Il suffit, cependant, que le téléphoniste considère que « *les nécessités de l'enquête* » interdisent cet appel pour qu'il n'ait pas lieu, sous la réserve qu'il prévienne le procureur. Dans la réalité, peu de policiers passent cet appel charitable et ce, en raison même de l'état d'esprit qui préside au placement punitif.

Dans cet univers bleu, une blouse blanche doit pouvoir intervenir. C'est le droit de faire venir un médecin. L'examen est très circonscrit. Il porte sur l'aptitude au maintien en garde à vue. Normalement, le médecin doit examiner sans délai la personne gardée ; il n'en est rien. La famille peut, elle aussi, demander l'intervention d'un médecin, à condition… qu'elle soit prévenue !

Enfin, ouf, l'avocat ! Tout le monde défile. À en croire la loi, c'est la ribambelle des robins, la mêlée des médicastres, une cohue dans les commissariats français !

Encore une fois, il ne faudrait pas prendre le décor pour la vraie vie, les apparences pour la réalité.

L'avocat présent pendant la garde à vue, c'est la dernière blague, le dernier gag législatif. Il est quand même extraordinaire, le talent qu'ont nos responsables de faire prendre des vessies pour des lanternes, les muets pour des baveux, l'évanescence d'un avocat pour une réalité de défenseur ! J'ai mauvais esprit, je le confesse, j'en demande pardon à tout le monde, et même à ceux qui s'en foutent, mais je n'arrive pas à comprendre pourquoi l'avocat dérange les flics.

Déjà à la fin du XIXᵉ siècle, la même méfiance s'était esclaffée en cris de terreur quand il fut décidé le 8 décembre 1897 d'admettre l'avocat chez le juge d'instruction. C'était la fin de l'ordre des honnêtes gens, la retraite des juges, l'effondrement de la civilisation des chaumières. Les mêmes arguments qu'aujourd'hui étaient ressassés dans un fracas de frissons ! Et pourtant, plus aucun grincheux n'oserait bredouiller que l'avocat chez le juge constitue un scandale. Ce qui est valable pour la toque ne le serait-il pas pour la matraque ?

Aujourd'hui, la présence de l'avocat dans le local de police est un leurre démocratique. Les témoignages des avocats envoyés en mission dans l'antre sont décourageants. Ils ne servent à rien. Ils n'ont même pas accès au dossier. Cette inutilité, les policiers la leur font, du reste, sentir ! Faut-il, dès lors, cautionner un système subalterne, continuer à faire semblant ? C'est, malgré tout, un pied dans la place policière.

Avant 1993, les avocats, sauf dans le cas où ils défendaient un mineur de moins de 16 ans, n'entraient pas dans la grisaille bruyante des commissariats. À compter de cette date, ils débarquent à la première heure ! Au passage, il n'est pas inutile de rappeler que notre beau pays, chantre mou des droits de l'homme, était l'un des derniers en Europe à se montrer aussi peu respectueux de la défense. Qu'importent Condorcet et Zola, on a aussi, dans notre patrimoine génétique, cet abruti de Javert ! Dès l'application de la nouvelle loi, les policiers ont craché le fiel de leur sifflet ; les enquêtes n'étaient plus possibles, les avocats allaient multiplier les indiscrétions, informer les complices, organiser la disparition des preuves. Merci pour la confiance en ce métier de menteur !

Cette défiance, à elle seule, en dit long sur l'évolution de nos inconscients institutionnels. Sous la pression policière, dans le tintamarre des paniers à salade, le Parlement modifia, huit mois plus tard, le texte, n'autorisant les avocats qu'à intervenir à la 21e heure… pour rencontrer la personne gardée à vue ! La machine à remonter le temps réactionnaire était en marche arrière. Elle fonctionna jusqu'en juin 2000, où la loi Guigou permit à l'avocat de revenir, afin de pouvoir s'entretenir avec son client, dès les premières minutes de l'interpellation. Malgré le tollé des tôliers, le gouvernement socialiste tint bon.

En réalité, qu'avaient obtenu les avocats ? Une aumône, des miettes, le droit de rendre une visite protocolaire d'une demi-heure aux gardés à vue, et maintenant, si le suspect le demande, dès le début de la prolongation. Juste le temps de lui expliquer à toute vitesse ses droits, de lui remonter le moral, et de faire des observations écrites. Aucun accès au dossier, il connaît, depuis juin 2000, la date présumée des faits, c'est tout ! Aucune présence lors des interrogatoires ! Aucune utilité judiciaire ! L'avocat, dans la garde à vue, est un intermittent du spectacle, souvent accueilli dans un décor humiliant, parfois le placard à balai, incroyable mais vrai… Une manière de signifier : le baveux n'est pas le bienvenu !

Du reste, il ne vient pas souvent ; une fois sur quatre. L'entretien n'est pas obligatoire, et, fréquemment, l'air de rien, le policier dissuade le client d'appeler à la rescousse un avocat coûteux, inutile, injoignable, qui ne connaît pas le dossier, qui ne fera que compliquer les choses, qui lui donnera la mauvaise impression qu'il est coupable. L'avocat, pourtant, aurait une arme, la plume, la pointe Bic, qui peut noter des observations sur le registre des gardes à vue. Malheureusement, ce registre demeure trop souvent vierge, silencieux, comme si rien ne se passait, rien de scandaleux.

Le contrôleur général, Jean-Marie Delarue, a dû écrire à ce sujet : « *Les avocats manquent à leurs devoirs. S'ils se mettaient tous à noter ce qu'ils ont pu constater, je suis convaincu que cela aurait un vrai impact.* » Pourquoi ne le font-ils pas ? Lassitude, lâcheté, sentiment d'impuissance, hostilité, tout se conjugue, peut-être, pour décourager les consciences. Un avocat qui, un jour, voulut faire des observations s'est retrouvé… en garde à vue !

Tant que l'enquête de police n'était qu'un préalable avant la saisine d'un juge, bon gré mal gré, on pouvait se contenter, si j'ose dire, de cette situation lugubre. Aujourd'hui, le recours au juge est marginal ; 5 % des affaires pénales seulement sont confiées à un juge d'instruction. Les services de police, sous l'autorité du procureur, instruisent la presque totalité des affaires correctionnelles. On est entré maintenant dans l'instruction policière dans laquelle le justiciable est privé de tous les droits qu'il possédait face à un juge d'instruction. Il n'a aucun droit face au procureur et à son policier ! Belle évolution, qui se commet dans le silence presque général des grandes orgues habituelles des belles âmes.

Que se passe-t-il ? Les associations bavardes seraient-elles devenues muettes ? Ce qui se commet aujourd'hui est unique dans l'histoire des atteintes aux libertés, le citoyen est livré à la police sans recours, sans secours. C'est inadmissible ! La Cour européenne des droits de l'homme de Strasbourg a rendu, le 13 octobre 2009, une décision concernant la Turquie : en janvier 2001, un certain Dayanan, suspecté d'actes de terrorisme, a été arrêté, placé en garde à vue, jugé, et condamné à douze ans et six mois d'emprisonnement. Devant les juges européens, il contesta les conditions de sa garde à vue, faisant valoir qu'il n'avait pu bénéficier d'un avocat. Strasbourg lui a donné raison ! La Turquie, ce n'est pas la France, même si ce qui se passe en Turquie se passe en France. Les quais de Seine ont, évidemment, un air de démocratie que les rives du Bosphore ne soufflent pas. L'arrêt turc s'applique à toute l'Europe et, désormais, il est jugé que le gardé à vue doit bénéficier de : « *Toute la vaste gamme d'interventions qui sont propres au Conseil. À cet égard, la discussion de l'affaire, l'organisation de la défense, la recherche des preuves favorables à l'accusé, la préparation des interrogatoires, le soutien de l'accusé en détresse et le contrôle des conditions de détention sont des éléments fondamentaux de la défense que l'avocat doit librement exercer*[1]. » Un peu plus tard, la même juridiction a enfoncé le clou dans la crucifixion de la garde à vue à la française, en précisant qu'il « *est porté atteinte aux droits de la défense lorsque les déclarations faites lors de l'interrogatoire subi sans assistance d'un avocat sont utilisées pour fonder une condamnation*[2] ». Sauf à être sourd, aveugle et de mauvaise foi, notre système aurait dû mourir de sa belle honte. Pas du tout ! À peine les premières annulations de garde à vue furent-elles prononcées que les juristes de la chancellerie se cassèrent la tête pour trouver une parade pitoyable, élucubrations de casuistes conservateurs, dignes des grimoires des robins de cour qui se croient très malins. Ils firent une interprétation restrictive des décisions européennes. Selon ces docteurs, la Cour se serait concentrée sur l'obtention des aveux obtenus sans le concours d'un avocat qui ne pourraient à eux seuls fonder une condamnation, établir une culpabilité ! Or, en France, paraît-il, les policiers accordent peu d'importance aux aveux ; ils se fondent sur d'autres preuves. Là, on se fout du monde, on se fout de la Cour européenne, on se fout des droits de l'homme qu'on noie dans les méandres des matoiseries

---

1. Cour européenne.
2. *Idem.*

des chats fourrés de la place Vendôme. Ils sont beaux, les donneurs de leçons !

Aujourd'hui, les leçons viennent d'ailleurs, du Danemark, des Pays-Bas, d'Italie, d'Allemagne, d'Angleterre, d'Espagne, des États-Unis. Avec les Belges, ce « *bâton merdeux* », d'après Baudelaire, on est les seuls à faire perdurer un système à l'agonie qui s'entête à faire fonctionner les rouages d'une machine inhumaine et humiliante. La France feint d'ignorer que nous vivons désormais dans le XXIe siècle et qu'il est temps de construire, enfin, la procédure pénale des temps modernes. Pour y parvenir, encore faut-il accepter que si la tête des hommes ne change pas, les textes auront beau changer, eux ne prendront pas en compte ces modifications. D'où l'impérieuse nécessité de réformer le corporatisme judiciaire, les études, les idéaux, les inconscients et d'obliger les juges qui ne respectent pas la loi dans son application à voir leur responsabilité engagée. Heureusement, par la force des choses, comme nous le verrons, la jurisprudence évoluera.

Quelle réforme peut-on noter en ce qui concerne la garde à vue ? L'article 327-3 du Code de procédure pénale consacre le caractère exceptionnel de la garde à vue. Elle ne serait possible que s'il est indispensable de garantir le maintien de la personne à la disposition des enquêteurs ou sa présence ultérieure devant le procureur ; que si elle permet d'empêcher la modification des preuves, des indices, l'exercice de pressions sur les témoins, les victimes, leur famille ; que si elle permet d'empêcher une concertation avec des complices ou coauteurs possibles. Voilà, semble-t-il, de bonnes raisons d'ordonner une garde à vue. Ces « bonnes raisons » ne font qu'avouer les motifs secrets des anciennes « *nécessités de l'enquête* » ou des « *raisons plausibles de soupçonner* ».

Donc, pas de vrais progrès, si ce n'est sur le plan de la clarification des obscures raisons de placer en garde à vue. Une avancée psychanalytique en quelque sorte. Mais avec ça, on ne va pas loin. La seule exigence minimale est d'obtenir la motivation écrite, argumentée, à peine de nullité, des raisons qui conduisent l'officier de police judiciaire à placer un être humain en garde à vue. Est-il anormal d'exiger qu'un homme sache pourquoi un autre homme le prive de sa liberté ? Cette obligation de mettre noir sur blanc, concrètement, les motifs d'un enfermement dont on ne se remet jamais changerait beaucoup de choses. Peut-être alors ne lirait-on plus sous la plume franche d'Olivier Damien, alors secrétaire général adjoint du Syndicat des commissaires, cet aveu : « *Dans la majorité des cas, la garde à vue n'est pas nécessaire, mais ce sont les pratiques qu'il faut faire évoluer* » ; sous la plume, tout aussi abrupte, de Laurent Laclau-Lacrouts, secrétaire général adjoint du syndicat Alliance, cet autre aveu : « *Dans toutes les grandes villes où la justice est débordée, on assiste à des prolongations de garde à vue de confort : des magistrats imposent des prolongations car ils n'ont pas le temps de recevoir le gardé à vue le soir même, allant parfois jusqu'à suggérer à la police d'organiser n'importe quelle perquisition pour justifier la mesure* » ; sous la plume paumée d'Agnès Herzog, vice-présidente du Syndicat de la magistrature, cet aveu aveugle : « *Bien qu'elles soient inadmissibles, nous ne contestons pas qu'il existe des prolongations de garde à vue de confort, tout simplement parce que l'autorité judiciaire n'est plus en mesure d'effectuer un contrôle effectif. »*

Vous imaginez ce que le « confort » des uns coûte d'inconfort aux autres ! On croit rêver… C'est un cauchemar, la France des droits de l'homme ! Et la chose est dite simplement, gentiment, syndicalement. Merde, il s'agit de la liberté ! Que dirait cette magistrate, confortablement assise, à un médecin qui s'excuserait d'avoir laissé mourir un patient par confort ?

Ne rêvons pas...

Ne rêvons pas. À côté, le rêve de Martin Luther King est une réalité. Et pourtant, l'enquête aujourd'hui est confiée sous les ordres du procureur à la police. On est donc, au sens juridique, dans un État policier ! On feint de ne pas voir cette évidence qui, en d'autres temps moins moutonniers, aurait soulevé les colères des belles âmes sur le qui-vive du respect des droits de l'homme. Aujourd'hui on dort sur l'oreiller de la crise ! La seule solution, si l'on veut éviter les abus, est d'appliquer à « l'instruction policière » toutes les dispositions qui régissent l'instruction conduite par le juge en voie de disparition. Sinon, la démonstration d'une grave régression dans la protection des libertés sera faite par les faits eux-mêmes : comment ne pas accorder au justiciable dans le cadre contraignant de l'enquête de police les garanties qu'on lui accordait dans le cadre contradictoire de l'enquête judiciaire ? Le policier serait-il plus digne de confiance que le juge ? Fallait-il avoir plus à craindre du juge que du flic ? Ces interrogations frappent comme des coups de matraque la tête sur laquelle on marche maintenant. Une seule solution s'impose : permettre à l'avocat de jouer pleinement son rôle de défenseur des intérêts menacés de son client dès le commencement des investigations.

Qu'est-ce à dire concrètement ? L'avocat doit avoir accès aux procès-verbaux au fur et à mesure de l'avancée de l'enquête, comme chez le juge ; il doit pouvoir assister son client lors des interrogatoires policiers, comme chez le juge ; il doit pouvoir agir sur l'orientation de l'enquête, comme chez le juge. C'est cela, la procédure pénale du XXIe siècle. Sinon, on se retrouvera dans la situation juridique du XIXe siècle, quel beau progrès ! Des juges audacieux, ou tout simplement juges, font cependant leur métier en stigmatisant la garde à vue à la française, sonnant ainsi le tocsin d'une fin de règne arbitraire. Le film de l'agonie de la garde à vue est plein de rebondissements. On passe de la mort clinique à la résurrection, puis de la résurrection à la grande maladie, de la grande maladie à la guérison, jusqu'au jour de 2011 où… c'est une autre histoire !

Le tribunal correctionnel de Bobigny, le 30 décembre 2009, saisi d'une demande d'annulation de la garde à vue au motif qu'elle ne respecte pas l'article 6 de la Convention de sauvegarde des droits de l'homme, développe les arguments suivants. Elle ne permet pas à la personne gardée à vue d'être assistée d'un conseil pendant les interrogatoires. Elle ne permet pas à l'avocat d'informer son client des charges qui pèsent contre lui. L'évidence ! Pourtant le procureur, le futur maître absolu des lieux de droit dans la réforme, ne l'a pas vu de cet œil démocratique. Entre autres arguments, il a osé dire : « *Le droit de tout accusé à être effectivement défendu par un avocat n'est pas absolu, les États ont le choix des moyens propres à permettre à leur système judiciaire de le garantir, la Cour européenne des droits de l'homme, dans un arrêt Savas du 8 décembre 2009, ayant précisé qu'il peut exister des raisons impérieuses pouvant exceptionnellement justifier le refus de l'accès à un avocat. »*

Comment peut-on, dans une démocratie, refuser le secours d'un avocat ? Oser le dire, c'est déjà oser le pire ! Heureusement, ce jour-là, il y avait, en face du petit procureur piétineur d'avocats, des juges dignes de ce nom qui annulèrent la garde à vue ! Ils virent les évidences que les éminences de l'enquête confortable ne veulent pas voir.

D'abord, qu'on ne peut pas défendre concrètement un homme, préparer un interrogatoire, rechercher des preuves favorables, si l'on ne connaît pas les charges qui pèsent contre lui. Ensuite, que l'aumône d'un entretien de trente minutes, alors que l'avocat est claquemuré dans l'ignorance de la procédure, ne lui permet pas d'offrir à son client les services mentionnés dans l'arrêt Dayanan par la Cour européenne. Enfin, que les dispositions du Code de procédure pénale de notre beau pays enchanteur en leçons de droit de l'homme ne suffisent pas à garantir le respect des droits individuels dans sa perception européenne.

Cette vision exige que l'avocat ait accès au dossier, que le gardé à vue puisse s'entretenir avec lui, puisse préparer ses interrogatoires, puisse organiser sa défense, puisse être soutenu moralement. Des évidences dans une démocratie qui respecte le droit de se défendre et qui ne confond pas la justice avec un piège policier permanent.

Lequel piège se referme plus facilement sur l'honnête homme que sur le voyou entraîné.

Le 28 janvier 2010, le tribunal correctionnel de Paris, qui n'est pas Notre-Dame de Lourdes, annula 5 gardes à vue aux motifs que l'entretien de trente minutes *« ne correspondait manifestement pas aux exigences européennes »*, que *« l'avocat n'a pu ni discuter de l'affaire ni organiser la défense de son client »* en raison du fait qu'il ignore ce qui fonde les *« raisons plausibles »*, étayant les soupçons de l'officier de police judiciaire qui, lui, sait tout du dossier. En un mot simple, quand on ne sait pas où l'on met les pieds, on ne peut que se casser la gueule !

Quelques jours auparavant, la chambre des appels correctionnels de Nancy, plus timorée dans ses attendus, avait cependant écarté des débats les procès-verbaux de garde à vue, les suspects n'ayant pu s'entretenir avec un avocat. Il ne fallait pas pour autant rêver d'un ordre judiciaire harmonique qui ne serait plus le paradis des flics pressés de clôturer une enquête à l'ancienne.

La cour d'appel de Paris, le 9 février 2010, a remis les pendules à l'heure des pandores en décidant que les droits et règles régissant la garde à vue avaient été respectés, même si l'intervention de l'avocat avait été différée au nom des droits de l'État. Cet État, dont Mussolini disait : *« L'individu n'existe qu'autant qu'il fait partie de l'État et qu'il demeure subordonné aux nécessités de l'État. »* Tout un programme…

Comme les choses changent vite aujourd'hui, surprenant tout le monde, la Cour de cassation a rendu, dans le courant du mois d'octobre 2010, un arrêt qui condamne définitivement la garde à vue à la française. Il faudra que les partisans de l'Ancien Régime s'y habituent !

Dans trois arrêts du 19 octobre 2010, la Cour de cassation s'est prononcée sur la conventionalité de la garde à vue à la française, telle qu'elle figure dans la loi, c'est-à-dire sur sa conformité avec les exigences de la Convention européenne. Il était temps ! Il est vrai qu'auparavant, le Conseil constitutionnel était passé par là, stigmatisant la garde à vue, se montrant plus gardien du droit que la vieille Cour.

Le match commence ! Dans le premier arrêt, la Cour indique que, dès le début de sa garde à vue, le gardé doit être informé de son droit de se taire, d'être assisté d'un avocat, sauf s'il y renonce, sauf si des raisons impérieuses tenant aux circonstances particulières de l'espèce, et non de la nature de l'infraction, l'imposent. Dans le deuxième arrêt, la Cour décide que la présence de l'avocat est obligatoire pendant les interrogatoires. Dans le troisième arrêt, dans l'hypothèse d'une garde à vue dérogatoire – trafic de stupéfiants, intervention de l'avocat prévue à la 72e heure –, la Cour a tranché en faveur d'un défaut de conventionalité[1] aux motifs que :

1. le gardé à vue ne s'est pas vu signifier son droit au silence ;

2. l'avocat n'a pu l'assister.

Pour les trois arrêts, la conclusion est, si l'on peut dire parlant de la Cour de cassation, sans appel ; la garde à

---

1. On veut dire par là la conformité à la Convention européenne.

vue à la française n'est pas conforme à la Convention ! Il faudra cependant attendre 2011 pour que ces mesures s'appliquent… En attendant, on fonctionnera sous un régime, à l'évidence, illégal du point de vue de la Convention !

Comme disent les marins, dans cette tempête de papiers, faisons le point. Le nouveau texte sur la garde à vue doit entrer en vigueur le 1er juin 2011 – enfin devait, vu que la Cour de cassation, dans une dernière surprise, a décidé, se prenant tout de même un peu trop pour le pouvoir législatif, d'en rendre l'application immédiate par quatre arrêts du 15 avril 2011. L'assemblée plénière de la plus haute juridiction considère, en effet, que « *les états adhérents à la convention de la sauvegarde des droits de l'homme et des libertés fondamentales sont tenus de respecter les décisions de la Cour européenne des droits de l'homme, sans attendre d'être attaqués devant elle, ni d'avoir modifié leur législation.* » Faisant table rase de son propre passé, la Cour de cassation ajoute que ni le principe de « *sécurité juridique* », ni les « *nécessités d'une bonne administration de la justice* » ne peuvent être invoqués pour priver un justiciable de son droit à un procès équitable.

Cette décision a bousculé l'organisation de la nouvelle garde à vue, certes, mais elle a le mérite de dire qu'il n'existe aucune bonne raison pour que l'on atermoie avec les respects des droits de l'homme. Que la Cour de cassation ne l'a-t-elle décrété plutôt ? On aurait gagné du temps ! La bourrasque légale est entrée dans les locaux de la garde à vue, bouleversant l'ordonnancement des choses policières. Désormais, et avant même l'entrée en application de la loi, le gardé à vue peut demander à être assisté par un avocat. Après tant de combats, la loi nouvelle est arrivée : que dit-elle de nouveau, cette loi imposée par les exigences légales européennes, contre l'avènement de laquelle auront lutté jusqu'à épuisement nos juridictions, aujourd'hui résistantes de la dernière heure ?

D'abord que l'avocat, enfin, entre – plus d'un siècle après être entré chez le juge – dans l'hermétique bocal policier. En matière criminelle et correctionnelle, aucune condamnation ne pourra être prononcée contre une personne sur le seul fondement des déclarations qu'elle a faites sans avoir pu s'entretenir avec un avocat et être assistée par lui. La garde à vue sera décrétée contre une personne contre laquelle il existe une ou plusieurs raisons plausibles de soupçonner qu'elle a commis ou tenté de commettre un crime ou un délit puni d'une peine d'emprisonnement.

Cette mesure doit constituer l'unique moyen de permettre l'exécution des investigations impliquant la présence ou la participation de la personne ; de garantir la présentation de la personne devant le procureur de la République ; d'empêcher que la personne ne modifie les preuves ou indices matériels ; d'empêcher que la personne n'exerce des pressions ; qu'elle se concerte ; de garantir la mise en œuvre des mesures destinées à faire cesser le crime ou le délit.

Le procureur, sous réserve des prérogatives du juge des libertés et de la détention, demeure le grand contrôleur de la garde à vue. Cette dernière ne peut excéder vingt-quatre heures ; toutefois, elle peut être prolongée pour un nouveau délai de vingt-quatre heures, sur autorisation écrite et motivée du procureur, si la peine encourue est égale ou supérieure à un an de prison. Inutile de rappeler que, selon le type d'infraction, la garde à vue peut même être prolongée de plusieurs jours. Encore faut-il, sur le papier, que cette prolongation soit l'unique moyen d'atteindre l'un des objectifs énumérés par la loi. Le gardé à vue doit être présenté au procureur, sauf à titre exceptionnel. Tout va dépendre, désormais, du contrôle juridictionnel qui sera exercé sur cette notion de « *caractère exceptionnel* » – que la loi, prudemment, ne prévoit pas.

La personne placée en garde à vue est immédiatement informée de ses droits. Quels sont ces fameux droits ?

L'individu doit être informé de son placement en garde à vue et de la durée de cette dernière ; de la nature de l'infraction qu'on lui reproche, de sa date approximative… ; du fait qu'il bénéficie du droit de faire prévenir un proche et son employeur si cela ne compromet pas l'enquête ; du droit d'être examiné par un médecin ; du droit d'être assisté par un avocat ; du droit de garder le silence. Un délai de trois heures est donné aux enquêteurs, sauf circonstances insurmontables, pour accomplir ces diligences, une fois la demande formulée par le gardé à vue.

L'avocat ? L'intrus, quel est son statut ? Il est informé de la nature et de la date présumée de l'infraction. S'il constate un conflit d'intérêts, l'avocat fait demander la désignation d'un autre avocat. S'il y a divergence d'opinion, c'est le bâtonnier qui, semble-t-il, doit trancher.

L'avocat peut s'entretenir pendant une demi-heure, en toute confidentialité, avec son client. Lorsque la garde à vue fait l'objet d'une prolongation, la personne peut, à sa demande, s'entretenir à nouveau avec un avocat dès le début de la prolongation et pour la même durée. Sur demande, l'avocat peut consulter le procès-verbal établi de notification des droits ainsi que les procès-verbaux d'audition de la personne qu'il assiste. Il ne peut en demander ou en réaliser une copie. Il peut toutefois prendre des notes.

La personne gardée à vue peut demander que l'avocat assiste à ses auditions et confrontations. Dans ce cas, la première audition, sauf si elle porte uniquement sur les éléments d'identité, ne peut débuter sans la présence de l'avocat choisi ou commis d'office avant l'expiration d'un délai de deux heures. Au cours des auditions ou confrontations, l'avocat peut prendre des notes. Si l'avocat se présente après l'expiration du délai de deux heures alors qu'une audition ou une confrontation est en cours, celle-ci est interrompue à la demande de la personne gardée à vue afin de lui permettre de s'entretenir avec son avocat. Si la personne gardée à vue ne demande pas à s'entretenir avec son avocat, celui-ci peut assister à l'audition ou à la confrontation en cours dès son arrivée dans les locaux de police.

À tous ces droits existent des restrictions dont l'application plus ou moins systématique traduira la réalité de cette réforme. Ainsi, lorsque les nécessités de l'enquête exigent une audition immédiate de la personne, le procureur de la République ou le juge des libertés et de la détention peut, à titre exceptionnel, autoriser par décision écrite et motivée que l'audition débute sans attendre qu'expire le délai d'intervention de l'avocat. Toujours à titre exceptionnel, le procureur de la République ou le juge des libertés et de la détention peut autoriser, par décision écrite et motivée, le report de présence de l'avocat lors des auditions ou confrontations si cette mesure apparaît indispensable pour des raisons impérieuses tenant aux circonstances particulières de l'enquête : soit pour permettre le bon déroulement d'investigations urgentes tendant au recueil ou à la conservation des preuves, soit pour prévenir une atteinte imminente aux personnes. Le procureur de la République ne peut différer la présence de l'avocat que pendant une durée maximale de douze heures. Lorsque la personne est gardée à vue pour un crime ou un délit puni d'une peine d'emprisonnement supérieure ou égale à cinq ans, le juge des libertés et de la détention peut, sur requête du procureur de la République, autoriser à différer la présence de l'avocat, au-delà de la douzième heure, jusqu'à la vingt-quatrième heure. Les autorisations du procureur de la République et du juge des libertés et de la détention sont écrites et motivées. La même restriction peut s'appliquer à la lecture des procès-verbaux.

Ce qui dérange ici, c'est qu'il semble n'exister aucun moyen de contester la légalité du caractère exceptionnel de la mesure. Le risque d'arbitraire n'est pas loin. Le fonctionnaire de police peut à tout moment, en cas de difficulté, mettre un terme à l'audition ou à la confrontation et en aviser immédiatement le procureur de la République qui informe, s'il y a lieu, le bâtonnier aux fins de désignation d'un autre avocat. Ce qui revient à dire que l'avocat ne doit pas trop déranger le policier, sinon on le change ! Cette disposition est scandaleuse. Elle met l'avocat à la merci du policier.

À l'issue de chaque audition ou confrontation à laquelle il assiste, l'avocat peut poser des questions. L'officier ou l'agent de police judiciaire ne peut s'opposer aux questions que si celles-ci sont de nature à nuire au bon déroulement de l'enquête. Mention de ce refus est portée au procès-verbal. À l'issue de chaque entretien avec la personne gardée à vue et de chaque audition ou confrontation à laquelle il a assisté, l'avocat peut présenter des observations écrites dans lesquelles il peut consigner les questions refusées. L'avocat peut adresser ses observations, ou copie de celles-ci, au procureur de la République pendant la durée de la garde à vue.

Enfin, si la victime est confrontée avec une personne gardée à vue, elle peut demander à être également assistée par un avocat choisi par elle ou par son représentant légal si elle est mineure ou, à sa demande, désigné par le bâtonnier. L'avocat de la victime a les mêmes droits.

Voilà, la nouvelle loi est arrivée, applicable avant l'heure, dans un désordre significatif de la sociologie du grand bordel qui règne dans ce pays. On sent bien que ce texte essaie de reprendre d'une main ce qu'il donne de l'autre. Ce qui annonce encore bien des luttes judiciaires.

Avocats et policiers devront apprendre à cohabiter, chien de garde et chien de défense dans le même chenil. C'est un bouleversement culturel inouï ! Désormais, il ne faudra plus compter sur l'intimidation pour arriver à la vérité, laquelle dans ce cas ? Une vérité d'effroi née de la crainte de subir une piqûre comme dans l'extorsion des aveux de Jean-Marie Deveaux, de voir sa femme accoucher en prison, comme dans l'arrachage des aveux de Patrick Leveneur.

L'accusation devra renoncer aux preuves moyenâgeuses obtenues sous la contrainte, les pressions, le mensonge, le chantage, et recourir à une très grande rigueur dans l'enquête, accomplir un gros travail d'investigation avant l'heure fatidique de la garde à vue. Qui peut s'en plaindre ? C'en serait fini du temps où la réussite d'une enquête repose sur les pièges de la parole, sur l'impressionnabilité des accusés, sur la solitude, sur la peur. Il faudra travailler en amont, avant de déclencher la souricière de la garde à vue, réunir des preuves, faire des constatations, organiser une investigation moderne plus scientifique, plus sérieuse, moins dépendante *« du vertige qu'occasionne chez le suspect »* le placement en garde à vue, comme l'écrivait le professeur Lambert, formateur de policiers vertigineux.

Dans les fourgons de la réforme se cache un petit monstre, à ce jour inoffensif, mais potentiellement dangereux ; l'audition libre ! Dans ce cadre juridique, il n'existe aucun droit, sinon que la personne à l'encontre de laquelle se constatent des raisons plausibles de soupçonner qu'elle a commis ou tenté de commettre une infraction, présumée innocente, demeure libre pendant son audition. Elle est informée de la date et de la nature de l'infraction, et elle peut mettre un terme à l'audition à tout moment. La personne est considérée comme s'étant rendue librement dans les locaux de la police lorsque, ayant été appréhendée, elle a accepté de suivre le policier.

Comment concilier appréhension et liberté ? L'appréhension, c'est l'interpellation, l'arrestation, en un mot la contrainte ! Comment peut-on demeurer libre dans la coercition qui implique la palpation de sécurité, parfois le menottage, toujours une forme de violence ? La loi, qui rêve endormie sur les mots, considère qu'il suffit que la personne accepte de rester dans les locaux *« le temps strictement nécessaire à son audition »* pour qu'elle soit libre ! La durée de cette liberté prisonnière ne devrait pas dépasser quatre heures… Rien n'empêche, à l'issue de ce délai, de déclencher une garde à vue ! Acte qui, souvent, annonce le pire, la détention provisoire, la garde à vue de longue durée du juge. Là se situe un espace-temps carcéral nommé le « petit dépôt »… ou l'attente discrétionnaire dans les geôles immondes des palais avant la comparution devant le juge. C'est une privation supplémentaire de liberté, une salle d'attente des horreurs. Désormais, selon le Conseil constitutionel, le magistrat du siège concerné devra être averti, sans délai, de l'arrivée du prévenu dans l'enceinte du tribunal de grande instance et l'avocat pourra intervenir à ce stade. Il est dit que cette privation de liberté ne pourra excéder 24 heures, ce qui est déjà trop long, compte tenu des conditions inacceptables de rétention – saleté, exiguïté des locaux, abandon, épuisement après la garde à vue.

Tout cela impose un constat. Il est fait par Jean-Yves Le Borgne, dont on ne soulignera jamais assez le combat qu'il a mené pour l'amélioration des droits de la défense, en avocat des avocats, et par là des justiciables : *« Notre Code comporte des éléments totalement contraires au respect des droits de chacun. »* Ce constat s'aggrave quand on aborde l'atteinte fondamentale, la détention provisoire.

La Bastille moderne

La détention provisoire

Après la garde à vue, dans le labyrinthe, s'ouvre le gouffre de la détention provisoire, ce fléau des libertés. On a tout fait pour limiter l'inflation de cet enfermement liberticide, sans grand succès, il faut le reconnaître. Les juges ont continué à incarcérer préventivement, comme si de rien n'était, sourds aux critiques, indifférents aux malheurs incertains, aux vies brisées. De la détention préventive à la détention provisoire, le législateur a usé de toutes les ressources du vocabulaire pour faire entendre raison au radicalisme carcéral, en pure perte. Les chiffres pleurent d'eux-mêmes. Pour l'année 1985, le nombre des incarcérés en détention provisoire était monté à 32 926 ; pour l'année 2004, 22 110 ; pour l'année 2005, 23 808. Cette légère baisse doit tenir compte des incarcérations dues à la prolifération des comparutions immédiates qui expédient en prison le tout-venant de la délinquance expéditive. Ces chiffres froids prennent leur sens humain quand on tient compte des décisions de relaxe ou de non-lieu : 2 111 en 1991, 1 123 en 1996, 1 133 en 2004, selon l'Annuaire statistique de la justice. C'est énorme ! Derrière cette comptabilité, ce sont des vies qui s'accrochent aux barreaux et qui hurlent justice !

Pourquoi ce penchant pénitentiaire ? Le juge français est-il pervers ? Il est, c'est une évidence, plus enclin que ses collègues étrangers à placer en détention provisoire. Pourquoi ? La question, à elle seule, fait peur. Faute de pouvoir se livrer à une étude psychanalytique des comportements qui motivent ce drôle de penchant, on est obligé d'aller chercher fortune dans les considérations générales, c'est dommage… Une explication tient dans le fait que le juge serait en osmose avec une opinion publique selon laquelle la sanction doit suivre l'infraction.

L'idée populaire serait qu'un type qui a commis une infraction ne puisse pas « ressortir libre ». Ce point de vue faubourien a son adepte médiatique en la personne du président de la République des tics. Opinion souvent partagée par les forces de police et certains magistrats du parquet et du siège. Il arrive quelquefois, malgré tout, que l'opinion publique ne comprenne pas une incarcération, comme dans le cas du grand-père qui tire sur ses voleuses[1]. Là, aux yeux des juges, l'opinion a tort. Et, forcément, le juge a raison !

Alors, peut-on dire vraiment que le juge français est l'expression des concierges de la rue ? L'état d'esprit est en cause. Il n'a rien à voir avec les émanations populaires. C'était déjà l'avis d'un grand juriste, Faustin Hélie, qui écrivait : « *En Angleterre, la liberté provisoire n'est pas seulement dans les lois, elle est dans la "common law", elle est dans les mœurs, elle est dans l'état d'esprit du juge. En est-il ainsi en France ? Nos juges ont-ils ce souci des libertés individuelles qui vit dans les juges anglais ? N'ont-ils pas conservé des traditions de l'ancienne magistrature et de l'esprit des mercuriales parlementaires une certaine roideur, une certaine sévérité, qu'ils regardent comme essentielle pour la justice ? N'ont-ils pas religieusement gardé cette idée, incessamment affermie par les efforts du ministère public, que*

---

1. Le 5 août 2010, René Galinier tire sur deux cambrioleuses…

leur devoir est la rigueur[1] *?* » Que c'est bien vu, même dans l'ancien, que c'est moderne, que c'est d'actualité ! Il avait tout compris, ce vieux professeur de droit pénal. On est dans une attitude historique, un sentiment d'importance, de toute-puissance, vérifiés par le rapporteur de la commission d'enquête sur le drame judiciaire d'Outreau : « *Assez de certains magistrats imbus d'eux-mêmes, qui jamais ne s'excusent de leur retard à l'audience, qui s'agacent des plaidoiries, qui pondent des décisions sans vraiment répondre aux conclusions des avocats, qui suspectent systématiquement la parole de leurs interlocuteurs, qui parfois ne se donnent même plus la peine d'avoir l'air impartial et qui, au total, rendent des décisions discutables et quelquefois médiocres*[2]. »

Cet état d'esprit de suffisance institutionnelle est conforté par les autres états d'esprit qui encerclent le juge, celui des enquêteurs – pour qui la mise en détention représente la gratification du travail bien fait, une petite récompense, en quelque sorte –, celui du juge des libertés et de la détention qui n'échappe pas à cette emprise. Cet état d'esprit mégalomaniaque en bretelles, on le vérifie encore en allant fureter sur le site Internet Rue 89. On y lit l'interview de M. Marc Trévidic, juge d'instruction au pôle antiterroriste et président de l'Association française des magistrats instructeurs. Un représentant, donc ! Voici comment se présente ce juge d'instruction ; on se croirait dans un film hollywoodien, enfin presque : « *Je suis un cow-boy qui s'intéresse aux*

---

1. Faustin Hélie, *Traité de l'instruction criminelle*, 1866.
2. Philippe Houillon et Elisabeth Fleury, *Au cœur du délire judiciaire*, Albin Michel, 2007, p. 13.

Indiens. Pas seulement pour les avoir dans la ligne de mire, mais aussi pour comprendre comment ils évoluent, comment on devient Indien, qu'est-ce qu'on a dans la tête quand on est Indien[1]. »

Les Indiens, dans son langage d'enfant cruel, ce sont les terroristes islamistes et les politiciens corrompus. On remarquera qu'il ne lui vient même pas à l'idée de se présenter comme un shérif ! Je croyais que les juges avaient affaire à des justiciables ; erreur ethnologique grave, ils ont affaire, du moins certains qui se prennent pour John Wayne, dont on sait qu'il avait les pieds plats, à des Indiens !

On voit bien ce qui ne se cache même pas derrière les mots, une certaine idée pathologique du pouvoir, de la démonstration de force, une culture musculeuse de l'importance.

Le procès de la détention provisoire n'en finit pas, sans jamais atteindre le cœur de cible, le juge entêté à incarcérer. Tout a pourtant été dit des abus de cette machine à broyer les os. Elle est un préjugement. Dans l'ancien droit, c'était le moyen de s'assurer de la personne. La prison n'était pas la peine. Les peines corporelles s'appliquaient. Elle faisait paradoxalement moins l'effet d'un préjugement. Aujourd'hui, la peine d'emprisonnement est la base de toute sanction. On juge donc que l'emprisonnement provisoire est un avant-goût de la sanction. C'est la même chose. La preuve, c'est qu'on décompte la détention provisoire de la peine ! La preuve, c'est que,

---

1. Voir site www.rue89.com

trop souvent, la juridiction de jugement se contente de condamner à la détention déjà effectuée. Elle couvre, comme on dit, la détention, quand elle ne couvre pas le juge ! Elle est l'Atteinte à la présomption d'innocence. On a tout dit sur cette frasque carcérale. La preuve que dans l'esprit du législateur lui-même la présomption est une blague, c'est qu'il a prévu, comme cause de mise en détention provisoire, le fait d'*« éviter le renouvellement de l'infraction »*, le fait de *« mettre fin à l'infraction »*. C'est donc que l'infraction existe ! C'est un bel aveu.

Dans quel cas, le juge, cow-boy ou pas cow-boy, peut-il infliger la détention provisoire ? La loi dit, mais l'écoute-t-on ? : *« La personne mise en examen, présumée innocente, reste libre. Toutefois, en raison des nécessités de l'instruction ou à titre de mesure de sûreté, elle peut être astreinte à une ou plusieurs obligations du contrôle judiciaire. Lorsque celles-ci se révèlent insuffisantes au regard de ces objectifs, elle peut, à titre exceptionnel, être placée en détention provisoire*[1]*. »*

La volonté de rendre exceptionnelle la détention est clairement exprimée.

La loi le dit. Est-ce à dire, à voir la réalité, que la Loi n'a pas d'importance pour ceux qui doivent la faire respecter ? Ce n'est pas là un petit problème. Quel est le poids de la loi pour un juge ? Se croit-il, par moments, emporté par les souffles de sa fonction, au-dessus des lois ? On pourrait le croire, à voir l'insistance avec laquelle, depuis des années, à travers de nombreux textes – 1970, 1989,

---

1. Article 137 et 137-2 du Code de procédure pénale.

1993, 1996, 2000, mars 2007, juin 2007 – le législateur essaie vainement de se faire entendre et obéir, non sans une certaine ambiguïté parfois, due aux exaspérations populistes causées par l'aggravation de la criminalité. Ainsi quand il exige que le juge d'instruction qui décide de ne pas demander une mise en détention soit obligé de motiver sa décision. C'est contradictoire avec l'idée que la liberté est la règle, non ? Entrons, maintenant, dans la mécanique grinçante de l'incarcération.

On martèle au juge que la détention ne peut être ordonnée ou prolongée que s'il est démontré, au regard des éléments précis et circonstanciés résultant de la procédure, qu'elle constitue l'unique moyen de conserver les preuves ou les indices matériels, d'empêcher une pression, une concertation frauduleuse, de protéger le mis en examen, de garantir le maintien à disposition de la justice, de mettre fin à l'infraction, d'en empêcher le renouvellement, enfin, et seulement en matière criminelle, de mettre fin au trouble persistant et exceptionnel causé à l'ordre public. Tout cela à condition, en plus, que le placement sous contrôle judiciaire soit inefficace.

Ces critères laissent une place à l'arbitraire de l'appréciation du juge. Comme le disait Faustin Hélie, *« c'est l'office du juge*[1] *»*, *« c'est une appréciation individuelle*[2] *»*. On en revient à l'état d'esprit et à la responsabilité personnelle.

---

1. Faustin Hélie, *Traité de l'instruction criminelle*, *op. cit.*
2. *Idem.*

Donnez-moi les bonnes raisons

Examinons chaque cas, miroir de l'histoire personnelle du juge.

L'ordre public, d'abord, cette vieille tarte à la crème de l'incarcération. On ne peut plus y recourir en matière correctionnelle. C'est déjà ça ! C'est quoi, l'ordre public ? C'est la raison d'État judiciaire. C'est un motif passe-partout comme un trottoir. Plusieurs législations ne retiennent pas ce motif, il n'existe ni en Grande-Bretagne, ni en Italie, ni en Allemagne. On a essayé de définir les contours de cette notion indéfinissable. Quelques juristes s'y sont épuisés, Faustin Hélie, toujours lui, Pierre Chambon, qui a repris ce qu'écrivait le premier. La préservation de l'ordre public recouvrirait trois hypothèses : la nécessité de mettre fin au désordre et à l'émotion causés par le crime, la nécessité de protéger l'accusé de l'effervescence de la foule, la nécessité de protéger d'autres victimes. Éviter le renouvellement de l'infraction et protéger l'auteur existent déjà. Le seul critère du trouble à l'ordre public devrait donc être « la foule en effervescence » ! C'est le signe que le trouble et l'émotion doivent être réels et objectifs, et pas seulement imaginaires, possibles, et qu'on doit en déceler des traces dans le dossier.

Cette analyse raisonnable n'a eu aucun succès auprès des juges qui ont continué à se servir de ce fourre-tout juridique comme d'un synonyme de gravité des faits ayant un impact sur la population. En réalité, le critère de trouble à l'ordre public est un critère de gravité masqué. Gravité d'une infraction n'est pas équivalent de culpabilité, et pourtant, la gravité suffit sans la culpabilité. On sacrifie, alors, peut-être, un innocent à la gravité d'une infraction commise par un autre. On retrouve le Far West cher à certains cow-boys armés de leur code et Wesson.

On a essayé d'éviter les excès en précisant dans la loi et la jurisprudence les conditions du recours à l'ordre public.

1. Le trouble à l'ordre public doit être celui occasionné actuellement par l'infraction et il doit avoir un caractère persistant ; ensuite, le juge doit définir et caractériser le trouble.

Cette exigence n'empêche pas le triomphe des généralités. Chaque juge ayant son ordre public dans sa basoche cérébrale et émotive.

2. La nécessité de mettre fin à l'infraction ou d'en éviter son renouvellement.

On touche là à un critère conflictuel. Comment oser dire qu'une infraction existe puisqu'on veut éviter son renouvellement, si l'accusé nie les faits ? Pareillement pour le renouvellement. D'un autre côté, pas d'angélisme, s'il existe des indices graves, mais peut-être réversibles, suspectant une personne d'avoir commis une infraction dont on peut craindre le renouvellement, serait-il normal de la laisser en liberté, au risque qu'elle récidive ? Plus que le principe sur lequel les gens normaux s'accordent, c'est l'usage du critère qui pose problème puisqu'il crée une présomption de récidive avant même toute condamnation ! Comment le juge, devin du pire, peut-il honnêtement prévoir la catastrophe ? C'est le marc de café du noir de justice. Deux éléments entrent en ligne d'appréciation : la nature de l'infraction et le casier judiciaire. Étant précisé, tout de même, que, grâce à la cour européenne, la seule référence au passé, ce « *temps de cendres* » disait Victor Hugo, père de Jean Valjean, ne peut suffire à refuser une mise en liberté. Un sieur Muller était poursuivi pour avoir commis en 1980 des vols à main armée. On l'embastilla du 13 décembre 1988 à l'automne 1992, heure de son procès devant la Cour d'assises. Il avait vu passer les saisons carcérales. Le seul motif de sa détention était son passé, duquel un cheval de retour ne peut faire table rase. La cour décida que le seul motif du passé ne pouvait suffire à faire craindre le renouvellement de l'infraction. Est-ce là l'expression d'une naïveté dangereuse ? On peut en douter quand on apprend que la même juridiction admet que l'existence de condamnations précédentes pour des délits similaires puisse faire craindre un renouvellement. Il s'agit d'exiger un examen intelligent du passé, et non pas systématiquement fondé sur le préjugé que celui qui a bu boira ! Ce qui est, avec tout le respect qu'on doit à toutes les professions afin d'éviter des procès, le point de vue des concierges ou du comptoir à pastis.

3. Les garanties de représentation.

C'est le motif le plus fréquemment utilisé. On est tous d'accord sur le principe, mieux vaut que le justiciable soit là. Une justice de fantômes serait inefficace. La question est de savoir comment ce critère est utilisé dans la pratique. Souvent il frappe les plus pauvres, les sans domicile, les étrangers, les sans argent. Cela veut-il dire que le Français, le nanti, n'aura pas envie de se soustraire à l'heure de vérité judiciaire ? Il faut des signes. Il en existe. Le fait, par exemple, de fuir. Le fuyard rattrapé peut laisser supposer qu'il s'éclipsera à la première occasion. Celui-là échappe rarement à l'incarcération provisoire qui dure.

Le quantum, comme on dit, de la peine, peut-il être pris en considération pour incarcérer ? À risquer gros, n'est-il pas plus raisonnable d'aller voir ailleurs ? C'est la principale préoccupation des magistrats. Elle se traduit par la même formule, lassante à force de répétitions du disque judiciaire rayé : « *Attendu qu'un tel est mis en examen pour des faits de vols à main armée ; qu'eu égard à la peine encourue, il pourrait être tenté d'échapper à la justice ; il convient donc de garantir sa représentation.* » Qu'est-ce que cela veut dire, « *eu égard à la peine encourue* » ? Quelle peine ? Y a-t-il des peines attractives, seraient-elles d'un an de prison ? On est dans l'arbitraire de l'appréciation. Au demeurant, ce motif de la « lourde peine » ne se trouve pas dans la loi. Qu'importe, la Cour de cassation n'y voit rien à redire. Elle garde le droit et l'absence de droit, parfois ! En revanche, et de plus en plus souvent, la Cour européenne, elle, rechigne à accepter les tourneurs de table de la loi. Elle dit nettement que le risque de fuite ne peut s'apprécier uniquement sur la base de la gravité de la peine encourue, mais en fonction du caractère de l'intéressé, de sa moralité, de son domicile, de sa profession, de ses ressources, de ses liens de famille, éventuellement de sa particulière intolérance à l'incarcération. À voir comment la juridiction européenne travaille, on cerne mieux les défauts du juge français : il a une vision abstraite qu'il construit à partir de lui-même, seule référence concrète. C'est une déshumanisation de l'autre, une mécanisation, une prétention qui se suffit d'elle-même, sans souci d'aller vérifier dans la vie de tous les jours.

4. La nécessité d'éviter une concertation frauduleuse et des pressions sur les témoins.

Ce critère est fréquemment utilisé. Si on peut le comprendre, on peut néanmoins se demander s'il est pertinent. Il m'est arrivé, et je ne suis pas le seul, d'avoir des clients incarcérés pour éviter toute concertation. L'interdit de concertation se retrouvait dans le fourgon qui le conduisait au palais avec ses complices et était placé dans la même geôle d'attente… Il faut être bien naïf pour croire qu'on ne communique pas en prison… qu'on ne téléphone pas en prison… que les murs n'ont ni lèvres ni oreilles. Ce motif, sauf dans quelques cas, est révélateur de nos approximations dans les enquêtes, de nos méthodes de pêcheurs à la ligne en eaux troubles. On fait des enquêtes incomplètes, fragiles, qui tiendraient à l'absence de concertation. C'est sur ces éléments d'appréciation qu'un homme, comme

vous et moi, peut-être moins homme que vous, va décider d'en enfermer un autre dans la cage légale de la
détention provisoire.

Mécanismes de l'enfermement

Comment l'encagement se passe-t-il ? Tout à fait légalement, soyez rassuré, toujours légalement, par le juge des libertés et de la détention ! Un juge des libertés, c'est beau comme du Sophocle, un juge de la détention, c'est angoissant comme du Kafka. Ici, l'oxymore qui occit toute espérance plane de son vol hypocrite sur la loi relative à la détention.

On a cru accomplir un progrès en juin 2000 en conférant le pouvoir d'incarcérer à ce juge « oxymorien », le juge des libertés et de la détention. C'est un magistrat du siège ayant rang de président, de premier vice-président ou de vice-président, il est désigné par le président du tribunal. Du beau linge, comme on voit, sauf que la réalité est plus forte que les mots. Aussi, au réveil de la symphonie des rêves, il a été décidé, au cas où, de remplacer ces dignitaires par le magistrat du siège le plus ancien dans le grade le plus élevé. L'ancienneté et l'élévation faisant, évidemment, la compétence…

Le juge est assisté dans son œuvre d'un greffier. Il est saisi par une ordonnance motivée du juge d'instruction, qui lui transmet le dossier chaperonné par les réquisitions du procureur. Le placement en détention peut avoir lieu à tout moment de l'instruction, sauf au moment du règlement de la procédure. À cet instant fatidique, l'incarcéré peut rester en prison, mais l'homme libre ne peut y aller. Le gong a sonné !

Encore faut-il, pour incarcérer, que les obligations du contrôle judiciaire soient insuffisantes, du moins, en principe. Jusqu'en 1996, il suffisait de décréter que le contrôle n'était pas suffisant pour qu'il fût insuffisant. Les mots fabriquent ici de la réalité. C'était le bon vouloir du bon pouvoir ! La Cour de cassation, comme d'habitude, gardienne des chaises vides, n'y trouvait rien à redire. Il faudra une loi pour obliger le juge à s'expliquer sur le caractère insuffisant du contrôle judiciaire.

On touche du doigt la réticence quasi pathologique du juge français à se justifier. Une preuve supplémentaire de cet état d'esprit est donnée par une lacune de la loi : elle n'avait prévu l'obligation de motiver sur les insuffisances du contrôle judiciaire que pour le placement en détention, oubliant l'épisode où le juge statue sur une demande de mise en liberté. Il a fallu une loi pour que, dans ce cas, le juge s'expliquât…

Comment motiver ? La question qui se posait était : le juge devra-t-il préciser en quoi les obligations du contrôle judiciaire, qui sont au nombre de 17, seraient insuffisantes ? Il suffit de dire pourquoi, en fait et en droit, les obligations du contrôle judiciaire sont insuffisantes ; une motivation générale suffit ! Ce n'est pas satisfaisant. La volonté du juge demeure trop forte et souvent, pour de vieilles raisons, statutaires et statuaires, le juge a un penchant à l'enfermement ; ça évolue, c'est vrai, mais lentement. Quelquefois, la boussole mentale perd le nord, et la toque ne tourne plus rond. On le vérifie, chaque fois, dans le rapport au grand principe du droit moderne, respecté scrupuleusement par les juges allemands, le principe de proportionnalité. Tout est affaire d'intelligence et d'humanité par rapport aux enjeux. Toute disproportion constitue un abus ! Et les excès défrayent la chronique des justiciables écrasés même si, aujourd'hui, la détention n'est possible que contre un mis en examen encourant soit une peine criminelle, soit une peine correctionnelle d'une durée égale ou supérieure à trois ans.

Et combien de temps tout cela peut-il durer ? Bonne et mathématique question, l'abstrait et indolore temps judiciaire ignorant le concret et douloureux temps humain. En matière correctionnelle, la détention ne peut excéder quatre mois ; n'empêche, le juge peut la prolonger d'encore quatre mois si la personne mise en examen a déjà été condamnée pour un crime ou un délit de droit commun soit à une peine criminelle, soit à une peine d'emprisonnement sans sursis d'une durée supérieure à un an, et à condition qu'elle encoure une peine égale ou inférieure à cinq ans. Dans les autres cas, la détention peut durer un an, et parfois, pour certaines infractions, deux ans. Comme si cette durée dure ne suffisait pas, la chambre de l'instruction peut en remettre, certes à titre exceptionnel, pour quatre mois. En matière criminelle, dans certains cas, le délai de détention peut s'éterniser pendant quatre ans et… quatre petits mois, sur décision de la chambre de l'instruction.

Ces délais sont-ils bien raisonnables ? C'est, bien sûr, chaque fois une affaire d'affaire… Le moins que l'on puisse constater, c'est que Dame Justice, de son pas lent, prend son temps, je veux dire le temps des autres ! La Cour européenne a l'œil sur le chronomètre cruel. Elle apprécie le délai raisonnable suivant les circonstances de la cause, la complexité des faits, le comportement des parties concernées, le comportement des autorités compétentes, c'est-à-dire des juges ; en un mot, il ne faut pas traîner par indifférence au temps qui fait souffrir !

Une histoire connue des spécialistes illustre cette considération, l'affaire Letellier. Madame Letellier, un nom pour Maupassant, fut inculpée de l'assassinat de son second mari âgé et gravement malade, et incarcérée le 8 juillet 1985. À l'approche de Noël, le juge, Père Noël des veuves, la remit en liberté. Le procureur fit appel et la chambre d'accusation, moins sensible à la paix sur terre des femmes de bonne volonté homicide, la renvoya en prison. À compter de ce moment-là, la douairière multiplia les demandes de mise en liberté que la chambre de l'instruction rejeta avec obstination. Jugée, elle fut condamnée à… trois ans de prison et libérée le 17 mai 1988. La veuve saisit la Cour européenne. À l'unanimité, la Cour condamna la France à lui verser la somme de… 21 433 francs ! Il arrive que l'entêtement carcéral des juges coûte cher au contribuable.

Le chef d'orchestre de cette machinerie, même s'il a perdu beaucoup de pouvoirs, est le juge d'instruction, personnage inquiétant dont la suppression est annoncée. Du petit juge au grand juge, voyons qui est cet homme qu'on disait le plus puissant de France !

On veut la peau du juge d'instruction

Qui est ce juge d'instruction dont on veut la peau ?

Vu que du passé, on ne fait table rase que dans l'Internationale, un peu d'histoire, c'est-à-dire un peu de la lumière d'hier pour comprendre aujourd'hui, s'impose. D'où vient ce personnage désormais emblématiquement caricaturé par le juge Burgaud, bouc émissaire d'une totalité scandaleuse dont il ne fut qu'un rouage un peu ratatiné ?

Il faut remonter loin pour retrouver l'ancêtre de notre juge d'Outreau. On l'exhume de l'enfouissement de la procédure inquisitoriale en usage dans le Bas-Empire romain pour les esclaves et les malfaiteurs de bas étage. Cette procédure était secrète, violente, sanglante, faite sur mesure pour une accusation toute-puissante dans l'arrachement de l'aveu, la preuve parfaite. Au début du XIIe siècle, le pape Innocent III – il fallait un innocent dans l'affaire – introduisit cette méthode dans les juridictions ecclésiastiques pour éradiquer le blasphème, l'injure, l'adultère et tous les crimes commis contre l'Église. En 1215, le concile de Latran adopta cette procédure qui, depuis, hante nos institutions. L'Inquisition naquit ainsi au Moyen Âge dans le chaudron béni de ce concile. On lui doit, merci mon Dieu, d'avoir inventé la justification légale de l'horreur judiciaire et le culte sanglant de l'aveu. L'épouvante s'engouffra vite dans la vie laïque par l'ordonnance de 1670, l'ancêtre de notre Code de procédure pénale, en adoptant les techniques de l'Inquisition et l'usage systématique de la torture, appelée « question » ; elle régala pendant des siècles les tortionnaires en robe noire, qui débitèrent du justiciable. Les amateurs fascinés par les jeux du langage lacanien apprécieront que l'auteur de cette ordonnance porte le joli nom de… Lamoignon !

De cette époque date l'idée que l'aveu est la reine des preuves, la preuve scientifique par la souffrance, en quelque sorte. Qu'on ne se raconte pas d'histoire, des temps gothiques aux temps médiatiques, l'aveu demeure la preuve impérissable. S'il en était autrement, le législateur républicain n'aurait pas pris la peine d'inscrire dans le Code un texte qui rappelle que l'aveu est une preuve comme les autres. On ne se prémunit que contre ce que l'on craint ! À l'origine de ce système, il y a une idée terrifiante, simple, à l'opposé de la présomption d'innocence : l'homme est coupable d'être homme, il est pécheur, présumé coupable, sinon du crime précis dont on l'accuse, du moins d'être capable humainement de ce crime. Un mot de Céline résume cette vision noire de l'homme : *« Si vous voulez penser juste, pensez bassement. »*

C'est dans ce contexte que naquit l'ancêtre du juge d'instruction : le lieutenant de police criminelle institué en 1522 par François Ier. Ce personnage eut, malgré quelques rares critiques lucides, une belle fortune historique. En 1670, Louis XIV scella la grande ordonnance criminelle. Elle consacra dans un même mouvement le lieutenant de police criminelle et la question, tous deux unis pour le pire et le malheur. Les fondements ont tout de même une odeur de charnier ! On tortura à tour de bras, de pieds, de langues, d'os, de ventres gonflés par l'eau, de peaux brûlées par le feu, de membres écartelés par la roue, de chairs calcinées par le bûcher. Cette orgie judiciaire dura jusqu'en 1780. À cette date, Louis XVI supprima la question préparatoire et abolit l'usage de la torture au cours de l'instruction. Le 1er mai 1788, il tenta de détruire d'autres abus – la question préalable, l'interrogatoire sur la sellette, l'absence de motivation des jugements, l'absence de délais avant l'exécution, l'absence de majorité renforcée pour les sentences capitales. Aucune de ces réformes ne put aboutir à cause de l'opposition des parlements. Faute de réformes, la Révolution vint. Les états généraux furent convoqués avec leurs cahiers de doléances débordant de demandes de réformes judiciaires : publicités des procédures répressives, assistance d'un conseil, restriction des pouvoirs d'instruction, suppression du serment imposé à l'accusé, disparition de tout arbitraire, recours au jury. Sur le sismographe des révolutions, les signes de crise de la justice occupent une telle place que les gouvernants devraient y être plus attentifs. La forme moderne des cahiers s'appelle « sondage », ce qu'ils révèlent de l'opinion qu'ont les citoyens sur la justice de leur pays est impressionnant : un manque total de confiance ! On s'en fout comme des premières brioches de Marie-Antoinette.

Depuis plus de deux siècles, l'exigence de justice a-t-elle été satisfaite ? La présence de l'avocat chez le juge date de 1897, la présence de l'avocat chez le policier date de 1993, et encore s'agit-il d'une présence inefficace, purement apparente. Les arrêts des cours d'assises ne sont toujours pas motivés. Les juges d'Outreau ou d'ailleurs demeurent superbement irresponsables comme au temps du chancelier d'Aguesseau, qui voyait dans le magistrat un signe visible de la présence de Dieu sur Terre. Le même homme peut être un jour procureur, un jour juge, sans qu'on s'étonne qu'il change de rôle comme de justiciable. On promet des réformes et on ne tient que des promesses.

Les rhumatismes institutionnels

Que se passe-t-il au pays du rhumatisme institutionnel ?

Depuis des années, le procès du « petit juge », selon l'expression gigantesque, était instruit, lui seul se chargeant d'alimenter les critiques. De Pascal à Burgaud, il faut reconnaître qu'il a tout fait pour se faire occire. Qu'on se souvienne du juge Pascal et de sa boulimie maladive d'apparitions médiatiques, de vengeance sociale. Sa cuisine de notaire recuit dans le chaudron écervelé de sa tête de juge fou.

Tout a commencé en 1972 avec l'affaire de Bruay-en-Artois. Un enfant joue dans un terrain vague, il découvre le cadavre de sa sœur, Brigitte, âgée de 15 ans, étranglée et mutilée. Les indices désignent un notaire qui, en raison des incohérences de son emploi du temps, est placé en garde à vue. Une tempête de haine sociale s'abat alors sur les corons. De cette bourrasque surgit un juge d'instruction rond et rubicond au clairon méridional, le juge Pascal, en purgatoire à Bruay-en-Artois, bourgade perdue où l'on pensait qu'il n'arriverait jamais rien. L'affaire qui passionne l'opinion publique propulse le juge au bec-de-lièvre sur le devant de la scène médiatique. Jusqu'alors, les juges étaient discrets, armés d'un silencieux qui faisait mouche sans faire de bruit. Pascal raffole de se montrer, c'est une passion nouvelle, soudaine, irrépressible ! Le 13 avril 1972, « le petit juge » décroche la lune de la une de tous les journaux en arrêtant le notaire, Pierre Leroy, pour homicide volontaire. Il a trouvé le coupable idéal, le notable aux mœurs dissolues, à la réputation scabreuse, aux inscriptions au Rotary, au bridge, au tennis, au club de voile, autant de repaires où le riche se niche pour digérer ses dépouilles ! Il a une maîtresse, une riche héritière arrogante, Monique Mayeur, et surtout il fréquente les bordels de Lille, comme un bourgeois qui baise en payant. Détail hitchcockien, ce scabreux phénomène sexuel est encore célibataire et, malgré ses 37 ans, vit toujours dans les jupons tartinés de sa mère, une paroissienne ponctuelle.

C'est le portrait-robot du pervers des ragots. Des militants maoïstes, qui piétinent sur place dans l'ennui d'une longue marche immobile, se mobilisent. L'un, Joseph Tournel, est un ancien mineur ; l'autre, François Ewald, est professeur de philosophie. L'affaire sent bon la poudre poudrée de la vengeance sociale. Les retraités maoïstes retrouvent une nouvelle jeunesse, ils réarment le peuple trinqueur des corons, organisent des manifestations, dressent un comité « vérité et justice », exigent une « justice populaire », s'amusent comme des fous du juge. Un cyclone de haine et de rumeurs encercle la ville jusqu'alors ennuyée. Dans cette fureur, le notaire crie, sans être entendu, son innocence. Préfigurant la partition des chanteurs de charme de la bonne cause, Jean-Paul Sartre, qui envahira plus tard de ses sanglots épisodiques nos médias, dans *La cause du peuple* attise les haines contre le bourgeois. L'affaire devient un fait divers national ; il s'agit du premier grand feuilleton criminel de l'histoire du petit écran. Le magistrat instructeur, Pierrot lunaire, envahit la lucarne, il devient le *« personnage central de l'affaire, au point d'engendrer une affaire Pascal complètement autonome du crime de Bruay*[1] *»*.

Hostile au secret de l'instruction, il décide de multiplier les interviews et prend publiquement position contre le notaire. L'affaire de Bruay sculpte pour la première fois la figure du « petit juge ». On n'aura pas fini de la voir se reproduire.

Enfin, le 20 juillet 1972, la Cour de cassation dessaisit le juge hystérique au profit de Jean Sablayrolles, qui reprend l'instruction depuis le début et innocente le notaire. Le mal était cependant fait, les « petits juges » avaient compris le bénéfice médiatique qui pouvait écluser du sensationnel sang judiciaire, jusqu'à se hisser au niveau d'une carrière politique comme les siamoises sévères Eva et Laurence. Qu'on se souvienne des plumes du juge Lambert et de ses confidences sur le canapé littéraire de Bernard Pivot ; qu'on se souvienne de ce juge et de sa plante verte qui décidait du sort des justiciables. En effet, il a existé un juge qui demandait à sa plante verte s'il devait ou non incarcérer.

On croyait qu'après l'affaire d'Outreau les choses allaient changer, mon œil ! Rien ne peut changer dans une République dont les dirigeants ne dirigent que leur carrière et craignent les corporatismes. Outreau ?

---

1. Claire Sécail, *Le Crime à l'écran*, Nouveau Monde Éditions, 2010, p. 242.

On nous a saoulés avec le nom de cette ville du Nord, d'une ivresse d'injustice, de malheurs humains. Dans cette affaire, il y a eu 13 innocents tardivement acquittés. Quelle leçon en tirer ? Faut-il jeter tout le système à la poubelle ou réfléchir sur les causes réelles de cette injustice ? Le juge Burgaud s'est trompé, aveuglé par lui-même, persuadé, petit diplôme en poche, d'avoir toujours raison, de détenir la vérité. Derrière son bureau, Burgaud n'aurait pas dû être le maître du monde ! À côté de lui, au-dessous, au-dessus, il y avait du monde. Les gendarmes, le juge de la détention et des libertés, le procureur, le procureur général, la chambre de l'instruction, les avocats, dernière roue de la charrette des condamnés. Tous les magistrats l'ont escorté dans son erreur, aucun n'a tiré le signal d'alarme, aucun ! Ils auraient pu, ils auraient dû. Ronflant dans la routine des automatismes, de la solidarité corporatiste, de la bien-pensance médiatique, qui lynche et lave, ils ont laissé faire, volant l'argent du boulot. Les gardiens de nos libertés ont été des garde-chiourmes !

Et maintenant, que faire ? La justice est humaine, elle est donc faillible, on peut le comprendre, à condition qu'elle respecte la loi, l'esprit de la loi. Dans cette affaire, comme dans toutes les affaires injustes, on constate que les juges ont violé la loi, qu'ils n'ont pas fait leur travail, qu'ils se sont crus au-dessus des lois, les appliquant à leur guise, en fonction du terrain, de l'ambiance, des sentiments, dans la tour d'ivoire d'un ego judiciaire effrayant.

Alors, faut-il enlever l'instruction aux juges pour la confier à des procureurs ? On prend les mêmes, on change l'étiquette et on recommence, avec moins de garanties. La question demeure : quelle précaution prendre contre le risque d'erreur judiciaire ? Des voix autorisées et calmes ont pris parti, dans ce contexte, pour la suppression du juge d'instruction. Pierre Truche, ancien premier président de la Cour de cassation, enfin libre de parole, déclarait qu'il espérait bien la disparition du juge d'instruction. Il précisait dans *Le Figaro* du 28 juin 1999 : « *Rares sont dans le monde les pays à avoir des juges d'instruction tels que nous les connaissons. Ce n'est pas un signe de modernité... Il faudrait confier l'enquête à un procureur, dont le statut serait modifié, avec, en face, un vrai juge désigné par le Conseil supérieur de la magistrature. Il interviendrait dès qu'un droit fondamental serait en cause, et fixerait des délais au procureur. Il n'est pas sain d'instruire et de juger.* » Dans le livre de Daniel Schneidermann, *Les Juges parlent*, un juge d'instruction se confie : « *Je serais plutôt partisan de la suppression du juge d'instruction. On ne peut pas à la fois être juge et chargé d'une fonction d'enquête, de type policier, qui s'apparente vraiment à la chasse. Il faudrait, dans un premier temps, prendre l'habit du chasseur et, dans un second temps, mettre une toque de juge pour être garant des droits individuels ? Je n'y crois pas*[1]. » On pourrait en citer bien d'autres... Mais terminons sur la parole d'orfèvre du quai, celle de Georges Fenech, un ancien juge d'instruction qui ne fanfreluche pas dans le laxisme : « *Rappelons*, dit-il, *qu'en 2006, 592 personnes bénéficiant d'un non-lieu avaient*

---

1. Daniel Schneidermann, *Les Juges parlent*, Fayard, 1992.

été placées en détention provisoire, en moyenne pour cinq mois et douze jours. Les juges d'instruction mettent toujours plus de temps à clôturer leur dossier [...]. Tous les jours en France, d'autres affaires d'Outreau sont passées sous silence. De tels dysfonctionnements résident dans le principal défaut du juge d'instruction, à la fois juge et enquêteur, Salomon et Maigret. »

Le requiem est chanté. Supprimer le juge d'instruction, d'accord, mais par qui le remplacer ? Certainement pas par l'actuel procureur, pantin possible du pouvoir. Par qui, alors ? Une chose est sûre, il faut dissocier la fonction d'enquête de la fonction juridictionnelle. Pour amplifier la comparaison de tout à l'heure, on ne peut pas être matador et inspecteur de la SPA ! La nécessité de cette dissociation étant admise, la fin de cette schizophrénie acquise, le juge, dans sa dualité contradictoire, ne peut que disparaître, en laissant derrière lui l'étonnement qu'il ait pu exister.

Au nouveau ministère public, remodelé, libéré, récusable, responsable et indépendant, reviendra le travail d'enquête, avec le concours de la police. À la juridiction d'instruction appartiendra le pouvoir de prendre toutes les décisions concernant l'enquête, d'autoriser les investigations attentatoires aux libertés, de se prononcer sur les demandes d'investigation des parties, de permettre le recours à un enquêteur privé, de décider du sort final de la procédure, d'ordonner d'office des investigations, de retirer les habilitations d'OPJ, de connaître des violations de la procédure. Elle doit être, cette nouvelle juridiction d'instruction, l'organe de contrôle du ministère public, l'arbitre entre les parties, enfin, en un mot, le tiers désintéressé.

Quelle serait alors, une fois coupé le cordon ombilical entre le gouvernement et les procureurs, leur légitimité ? Il faudrait confier la direction de l'action publique à un procureur général élu, indépendant du pouvoir exécutif, responsable devant le Parlement, qui aurait la haute main sur les parquets et veillerait à l'harmonisation de la politique pénale dans le pays. Il serait désigné pour un mandat non renouvelable par les deux assemblées, les candidatures seraient libres. En fin de mandat, ce procureur général subirait la docimasie, c'est-à-dire un examen parlementaire de sa fortune et de son action.

Pour parvenir à cette réforme, il faut une révolution culturelle. Si cette réforme voit un jour le jour, l'architecte devra s'en mêler… pour mettre fin à la complicité spatiale qui règne entre juges et procureurs, qui passent leur vie ensemble, se tutoient, se marient, prennent le café et causent de tout, de la pluie et du beau temps, mais jamais, bien sûr, des dossiers, des arrangements, des convictions… Ils sont formés dans la même école, elle colle à leur peau et crée un corporatisme comme à Saint-Cyr ou au grand séminaire. Elle est la cause première d'un verrouillage dialectique !

D'abord et avant tout, si on veut une vraie réforme, l'avocat doit pouvoir jouer pleinement son rôle dans l'instruction d'une affaire. Il ne doit pas être le faire-valoir d'une publicité mensongère, qui consiste à laisser croire qu'avocat est synonyme de droit de la défense. La question de la place de l'avocat dans un nouveau système est incontournable. Quelle sera sa situation face au nouveau procureur nietzschéen ? Il doit y avoir une parfaite égalité des armes entre défense et accusation.

Aujourd'hui, et avant la réforme, on en est loin ! L'apparence des lois de procédure pénale donne l'impression d'un système démocratique. En réalité, et comme toujours, tout dépend du bon vouloir du juge et du fonctionnement libéral des recours.

Dès sa première comparution, le mis en examen a des droits. En général, comme on l'a vu, il déboule du tunnel de la garde à vue, où la police l'a interrogé pendant des heures, des jours, sans avocat et sans aucune connaissance du dossier. Chez le juge, il a le droit d'avoir un avocat, lequel peut enfin découvrir, avant l'interrogatoire, le dossier, souvent volumineux, et hors la présence du client, ce qui interdit tout questionnement précis. À l'ancienne, il faut prendre des notes, faire vite, et s'en remettre à la bonne vieille discussion de bistrot avec le client. Surtout, faute d'intervention de la défense dans l'enquête de police, l'audition des témoins, la production des preuves à décharge, de documents, la discussion de l'incrimination sont impossibles ! Le dossier, une fois chez le juge, est ficelé comme l'accusé. Alors là, on donne des droits… inutiles parce que tardifs et méfiants. Mais avant, il y a le baptême honteux, la mise en examen, le sacrement de pénitence médiatique. Autrefois, on parlait d'inculpation, on était encore dans le vocabulaire religieux, chargé du poids de la faute. Aujourd'hui, on est dans le vocabulaire médical, chargé du poids de la contagion. On ne sort pas du piège des mots malheureux, accablés de connotations culpabilisantes. Pourquoi ne pas appeler l'homme que la justice incrimine le répondant, celui qui répond ? Sémantiquement, on respecterait un peu mieux la présomption d'innocence. On connaît l'importance des mots et la manière dont ils habillent. Ce que le dernier grand philosophe du droit Michel Villey nomme « *la charpente d'un langage bien fait* », dont on s'éloigne chaque jour un peu plus. La mise en examen, c'est le permis médiatique d'inhumer la présomption d'innocence. On peut vendre en toute impunité du justiciable. Tout le monde, au pays des droits de l'homme et du blabla sur les grands principes, s'en fout, pourvu que rotent les rotatives.

Avant de se demander s'il faut ou non supprimer le juge d'instruction, voyons si les textes, l'organisation, veulent réellement protéger les droits de l'homme et si le défaut tient aux lois ou à sa malhonnête application. Faut-il incriminer les textes ou les têtes ? Nos lois sont-elles bien faites et nos juges mal faits ? Pour répondre à cette périlleuse question, il faut pénétrer dans la réalité d'une procédure pénale. Comme déjà dit, tout commence, dans l'ici-bas judiciaire, par la mise en examen que décrète le juge. Là, normalement, la loi, afin d'éviter les mises en examen prolixes et piétinantes pour la réputation, lui offre un choix ; soit il met en examen, soit il place l'infortuné dans la situation ambiguë de témoin assisté. Avant de prendre sa décision, le magistrat recueille les explications de l'intéressé. La loi dit même que le juge ne peut procéder à la mise en examen de la personne que s'il estime ne pas pouvoir recourir à la procédure de témoin assisté. Trop souvent la messe est dite avant d'être célébrée !

Qu'est-ce que cette chose, un « témoin assisté », notion censée éviter les foudres des orages médiatiques ? Un auteur, sans doute amoureux de La Fontaine, écrit : « *Le témoin assisté évoque un peu la chauve-souris de la fable : il emprunte à la fois le statut de personne mise en examen et celui de témoin, tout en évitant les inconvénients de l'un et de l'autre.* » L'expression désigne le justiciable qui, sans être partie à la procédure, bénéficie de certains droits accordés au citoyen mis en examen, notamment le droit d'avoir un avocat. Il est un témoin, donc il ne peut être considéré comme une partie à l'instruction. L'avantage, c'est qu'il ne peut être placé sous contrôle judiciaire ou en détention provisoire ni faire l'objet d'une ordonnance de renvoi ou de mise en accusation. C'est le bon côté des choses. Le mauvais côté, c'est qu'il est, malgré tout, une personne mise en cause, ce qui le dispense de prêter serment, parce qu'on attend de lui ni objectivité ni sincérité. Ce qui est toujours agréable… mais, cependant, on le présume innocent, ce qui est toujours réconfortant ! En même temps, on lui accorde, à défaut du droit de pouvoir dire la vérité, d'autres droits.

D'abord, celui, évident, d'avoir à ses côtés un avocat, qui peut poser des questions ou présenter de « *brèves observations* ». On appréciera l'obligation de brièveté qui est une manière délicate de laisser entendre qu'il ne faudrait pas obérer le temps du juge. On trouve, comme ça, ici et là, des touches langagières qui en disent long sur l'idée que la justice se fait du concours de l'avocat, perçu comme un emmerdeur qu'il faut tenir en laisse. De même, le juge peut, s'il considère qu'une question est oiseuse, qu'elle peut nuire au bon déroulement de l'instruction ou porter atteinte à la dignité d'une personne, ne pas la poser. Mention de ce refus est alors portée sur le procès-verbal. C'est une disposition néfaste, en ce sens que le juge peut se tromper sur la portée d'une question dont il ignore les lendemains. Surtout, sur le plan psychologique, c'est un renforcement du sentiment individuel qu'il fait ce qu'il veut, autorisé qu'il est à museler arbitrairement la parole !

Vous imaginez la puissance que donne ce pouvoir de dire : « *Votre question ne me plaît pas, je ne la pose pas, je vous ignore* » ? Silence Médor, je suis le maître ! C'est d'autant plus restrictif que l'avocat du témoin assisté, à la différence de l'avocat du mis en examen, ne peut demander n'importe quel acte d'investigation. Il peut seulement demander que son client soit confronté avec les personnes qui le mettent en cause et solliciter l'annulation des actes viciés.

D'autres droits, ici et là, parsemés dans des textes épars, existent : droit de demander une contre-expertise, droit d'être avisé de la fin de l'information, droit de demander le règlement de l'information, droit de recevoir notification des ordonnances de règlement, droit de faire valoir des observations devant la chambre de l'instruction en cas d'appel d'une ordonnance de non-lieu, droit de n'être entendu par un policier que s'il en fait la demande. C'est un statut bâtard qui ne se doit d'exister qu'à la frénésie des mises en examen et à l'envie louable, mais inefficace, d'y apporter un remède. Que ne s'occupe-t-on des frénétiques ? Il est tout de même étrange qu'on vote des lois pour corriger les comportements excessifs de certains juges, lois tentant de limiter maladroitement la détention, lois tentant de limiter les mises en examen, sans jamais se poser la question du juge. Un jour ou l'autre, il faudra bien avoir le courage de se poser la question qui dérange. L'air de rien, surtout dans le climat de lynchage qui règne aujourd'hui, où toutes les occasions sont bonnes de proférer du mal d'autrui pour la bonne table médiatique des belles consciences, la création du statut de témoin assisté a un effet inattendu : il rend encore plus coupable le mis en examen !

Sur quels critères le juge décide-t-il du choix de la camisole infamante ? On ne sait pas… Il n'existe pas de critère légal. Le bon vouloir fondé sur le bon vouloir ! Une circulaire précise qu'il paraît « *préférable* » que le justiciable soit mis en examen lorsque les indices réunis à son encontre peuvent justifier son renvoi devant la juridiction de jugement. Indices évidemment réunis pendant la garde à vue où l'intéressé ne connaît pas le dossier et n'a pas d'avocat ! Les auteurs de référence nous disent que le choix du juge sera « *essentiellement déterminé par la nécessité de préserver la réputation ou la situation professionnelle de l'intéressé, mais également par des considérations tenant à la procédure*[1] ». On ne peut mieux dire sur les méfaits d'une mise en examen. On ferait mieux d'en revenir

---

1. Frédéric Desportes et Laurence Lazerges-Cousquer, *Traité de procédure pénale*, Économica, 2009, p. 1100.

à un statut unique qui éviterait les discriminations et se montrer plus strict sur le respect de la présomption d'innocence dans les médias en interdisant de nommer le mis en examen tant qu'il n'est pas renvoyé devant un tribunal. On y perdrait quoi ? Un peu de chair à canon médiatique. Et alors ? Par la même occasion, on pourrait interdire de citer le nom du juge, ce qui calmerait le prurit médiatique de certaines divas aux objectifs de célébrité avérés comme Eva et Laurence, aujourd'hui innocemment lancées dans cette politique véreuse que leur vertu verte savait voir.

Dans les principes, l'avocat joue un rôle de premier plan. Oui, dans les principes ! La Cour de cassation, en assemblée plénière, a proclamé : « *La défense constitue pour toute personne un droit fondamental à caractère constitutionnel*[1]. » Ce qui n'empêche pas la Cour européenne des droits de l'homme d'admettre que l'avocat puisse être interrompu pendant les débats, même de façon excessive et indésirable, sans que le procès devienne inéquitable dans son ensemble, dès lors que cet avocat ne fût jamais empêché d'aller jusqu'au bout de son argumentation. On appréciera, au passage, la liberté qui est laissée au magistrat d'être excessif et indésirable !

Là où il y a l'avocat, il y a le droit. Cette idée fausse fait la fortune d'un système hypocrite, qui l'utilise à sa guise, selon un dosage discret et inefficace. Le meilleur exemple est qu'on n'en veut pas en garde à vue où tout se joue ! Une fois que la messe est dite, on fait entrer l'enfant de chœur. Alors là, ça ronfle dans les orgues

---

1. Assemblée plénière du 30 juin 1995.

généreuses du système verbal. Avant même que la personne soit mise en examen ou en témoin assisté (comment dire autrement avec ces formules bâtardes), le juge doit l'informer qu'elle a droit à un avocat. C'est un droit fondamental ! Le justiciable devrait donc pouvoir y accéder facilement, non ? On fait comme si chaque citoyen avait le nom d'un avocat dans sa poche. C'est vrai pour les délinquants organisés, les professionnels, mais pas pour les quidams et encore moins pour les innocents qui n'imaginent pas avoir affaire à la justice. On voit ici la différence entre l'homme libre et l'homme détenu, le premier peut choisir son conseil avant d'être convoqué chez le juge, le second doit le choisir au sortir de la garde à vue. La famille – père, mère, épouse, époux, frère, sœur – ne peut le choisir, et donc le payer. On vous répondra, sourire démocratique aux dents, que le rescapé de la garde à vue a droit à un avocat commis d'office qu'il ne connaît pas, qui accomplira sa tâche du mieux qu'il pourra dans la précipitation d'une permanence mal payée, sans aucune certitude de garder le dossier. Les apparences sont sauves, et il n'y a que cela qui compte ! Plus tard, souvent beaucoup plus tard, quand il aura enfin le nom d'un avocat, le prisonnier pourra le désigner. Les choses se compliquent sérieusement si un avocat a été choisi dans la précipitation et s'il faut en changer ou en adjoindre un autre…

Et l'on continue à chanter que le libre choix d'un avocat est fondamental ! Mis à part le cas où la désignation intervient lors du premier interrogatoire ou d'une audition, le choix doit être fait auprès du greffier du juge d'instruction. Ce qui implique, lorsque la personne est libre, qu'elle aille au palais, attende, trouve le bureau du juge dans le labyrinthe cadenassé et accomplisse la formalité. Pourquoi compliquer délibérément la désignation ? Lorsque la personne est détenue, c'est encore plus alambiqué. Elle doit faire une déclaration auprès du chef de l'établissement pénitentiaire qui l'expédie, sans délai, au greffier du juge. La désignation de l'avocat prend effet à compter de la réception par le greffier. Une petite question demeure, de taille : comment l'avocat est-il informé de sa mission ? La loi ne dit rien... Il doit la deviner ou passer son temps à aller voir le juge, lequel n'a pas le temps de savoir si la lettre est arrivée... Le détenu, semble-t-il, peut désigner un avocat en lui écrivant, à condition que l'élu fasse lui-même la déclaration et que l'intéressé confirme lui-même cette désignation dans un délai de quinze jours. C'est simple ! Un léger assouplissement existe si l'accusé est libre et qu'il n'est pas domicilié dans le ressort de la juridiction compétente. Il lui est permis, alors, d'adresser une lettre recommandée.

Une fois l'avocat choisi, quelle est la réalité de ses pouvoirs en droit et en fait ? En droit, il possède un monopole, il est le seul à avoir accès au dossier, parce que le secret de l'instruction, tout percé qu'il est, persiste à l'égard des parties. La conséquence, c'est qu'une partie civile ou un accusé, qui ne veut pas d'avocat, ce qui peut se comprendre, n'a aucune possibilité d'accéder au dossier, serait-il avocat ! Un bon moyen de museler la liberté de ton et d'action du justiciable qui, n'étant braqué par aucune menace déontologique, pourrait hurler et déranger la connivence du palais. On touche du doigt l'hypocrisie du système.

Qui peut encore croire au secret de l'instruction dont on se sert pour écarter le justiciable de sa défense personnelle ? Le secret de l'instruction est un secret indiscret, déjanté, qu'on viole et qu'on respecte selon le lit médiatique où on le baise. L'article 11 du Code de procédure pénale édicte : *« La procédure au cours de l'enquête et de l'instruction est secrète. »* Les fondements de ce secret confronté à la réalité du tintamarre des tribunes médiatiques sont burlesquement schizophréniques. On aurait institué ce secret pour des considérations tenant à la nécessité de préserver l'efficacité des investigations, la sérénité de la justice, et la sécurité des témoins, des victimes, des enquêteurs, la réputation et l'honneur des mis en cause. Tout ce verbiage est bon pour un amphithéâtre où s'époumone un professeur irréel.

« Le secret ne doit porter aucune atteinte à la liberté de la presse », lisait-on déjà en 1957… Depuis, la puissance masticatoire de la presse n'a fait que se renforcer, au point de dévorer le secret jusqu'à l'os. Que faire ? Le justiciable est-il un bien de consommation médiatique dont l'histoire appartient à l'industrie de l'information ? Si oui, laissons faire les marchands de canon de la guerre des infos, et acceptons que, sans droit d'auteur, le justiciable alimente la machine au nom de la liberté de la presse.

Le système français, gorgé d'humanitarisme, rétablit ainsi une forme de marchandage, l'exploitation dramaturgique de l'être sur les marchés médiatiques. On vend son histoire et l'encan, c'est l'audimat. La dignité en prend un coup, qu'importe, on divertit dans l'horreur quotidienne. On découvre ainsi l'affaire dans la presse, les journalistes, flics de papier, enquêtent, interrogent, confrontent, moralisent, punissent. On assiste alors à une entreprise parallèle au travail officiel des juges et des inspecteurs, toujours en retard d'une guerre. La déferlante rend inopérante toute riposte. Il ne reste plus aux mis en examen médiatique que le recours d'aller s'expliquer au tribunal du 20 Heures, au risque de suer des gouttes de fausse culpabilité comme Baudis. Dans tout cela la justice n'a plus de place, c'est le cirque sinistre du voyeurisme qui flatte les petites haines sociales. En même temps, on continue de sermonner que, pendant l'enquête, la procédure est secrète à l'égard des personnes concernées. En définitive, seuls les intéressés devraient tout ignorer de ce que savent les journalistes.

Les juges sont allés très loin dans le mépris des droits du justiciable et ils portent une grande responsabilité dans l'existence du carnaval médiatique. Ils ont osé juger que le filmage autorisé d'une perquisition par des policiers n'est condamnable que s'il porte atteinte aux droits de la défense ! Cette exigence exclut, de fait, l'idée que le justiciable est le seul propriétaire de son drame. Elle l'inscrit dans la catégorie des produits médiatiques de consommation courante. On peut le montrer comme un animal du cirque judiciaire où les clowns ne sont ni Monsieur Loyal ni de blanc vêtus. Que faire, dans un système où la Cour européenne donne l'avantage à la liberté d'expression sur la présomption d'innocence ?

Quelle liberté d'expression ? Celle qui autorise le journaliste à accuser sans preuve, à recueillir un témoignage avant toute audition policière, à transformer Baudis en Barbe-bleue des nuits toulousaines, à scalper la réputation à coup de scoops achetés, fabriqués pour la gloire de Karl Zéro, d'Edwy Plenel.

Au fond du puits flotte la loque de la dignité humaine, sa réputation, son honneur. On s'en tape, pourvu que ça racole sur le trottoir de l'audimat. Plus la charogne pue, plus ça marche. On peut opter pour le grand déballage, supprimer le secret une fois pour toutes, et laisser souffler les tempêtes. Ou alors décider courageusement qu'on n'a pas le droit de parler d'une affaire en cours. Cette disposition aurait un effet radical. On va hurler à l'atteinte à la liberté de la presse. On va craindre l'étouffement des affaires. Ce qui revient à avouer qu'on n'a aucune confiance dans nos juges qui n'agiraient que sous l'œil des caméras, le fouet des flashs, la pointe des plumes dans le cul !

Au point où on en est, on n'a plus le choix. Il s'agit maintenant d'une question de civilisation, de monde dans lequel on veut tenter de vivre, de respirer, un peu, un autre air que celui de la calomnie, de la médisance, du ragot, du colportage. On ferme la boutique à baver. On décide qu'un homme, innocent ou coupable, mis en cause, souffre suffisamment d'avoir à se défendre sans qu'on puisse faire du fric, au nom de la liberté d'expression, sur sa vie, sa chair, son âme, fût-elle noire comme l'ébène des anciens esclaves. On tarirait une sacrée mine humaine pour les programmes télé. Et alors ? Un supplément d'âme, ça se paye ! Elle vous plaît, cette société où la justice est contournée par des instructions médiatiques expédiées par des justiciers sans contrôle, autoproclamés Robespierre des ragots ? Elle vous convient, cette société où l'on vole la parole d'autrui par des enregistrements illégaux, où l'on exploite les envies de vengeance, où l'on transforme des allégations non vérifiées en charges accablantes ? Où Mediapart partouze dans le purin, en accusant Woerth, par la diffusion d'une partie des conversations frauduleusement enregistrées chez Liliane Bettencourt par son majordome ? Les plumeaux ont des oreilles ! Est-ce cela, la liberté de la presse ? Un art de fabriquer des preuves sans preuves pour transformer Dominique Baudis en violeur des nuits toulousaines et Éric Woerth en détrousseur de vieilles dames pour le compte du petit Nicolas !

Au même moment un sondage nous apprend que les Français doutent de la France. Faut-il s'en étonner ? Accuser impose le respect d'un minimum de règles, la première étant la preuve qui étaye l'accusation, la seconde étant le devoir d'impartialité ou la bonne foi. Mediapart, qui reconnaît pratiquer l'investigation au nom de la politique, respecte-t-il ces deux principes ? Un ancien collaborateur du site d'information confesse : « *Edwy et ses copains sont des soldats de Dieu du journalisme, ils veulent changer le monde et pensent que c'est la mission de la presse*[1]. » C'est la définition de l'Inquisition, sauf que les soldats s'appelaient les « *chiens du maître* ». 71 % des Français considèrent que le pays est en déclin, 62 %

---

1. *Le Journal du Dimanche*, 11 juillet 2010.

jugent que le pays manque de confiance en lui. Faut-il s'en étonner ?

Et pendant ce temps, comme si le réel n'existait pas, on continue de vivre dans l'illusion tragicomique du secret de l'instruction en feignant d'ignorer que le dossier, comme une pute sur la place publique, gigote dans les médias.

Normalement, mais plus rien n'est normal, il faut rester calme, seuls le juge, l'avocat et les policiers ont accès au dossier. Or, on apprend souvent les rebondissements dans la presse. On n'a pas l'air con ! Les fuites viennent de toutes parts, vu que l'institution prend l'eau. En principe, l'avocat a connaissance du dossier avant les interrogatoires et les auditions. La procédure doit impérativement être tenue à sa disposition quatre jours ouvrables au plus tard avant chaque interrogatoire du mis en examen ou du témoin assisté, ou encore de la partie civile. Au-delà de cette mise à disposition ponctuelle, le dossier doit être accessible à tout moment, les jours ouvrables, sous réserve du bon fonctionnement du cabinet d'instruction. Le juge décide souverainement si l'avocat perturbe ou non le bon fonctionnement de son organisation. Autant dire qu'il faut avoir de bons pieds et une bonne patience. Le temps des avocats ne compte pas, il se perd dans des allers-retours commandés par les caprices de l'humeur organisationnelle du magistrat. Un abus criant pourrait être signalé au président de la chambre de l'instruction. Encore faudrait-il qu'il entende, tant sourd est ce magistrat chargé d'assurer le bon fonctionnement des cabinets d'instruction. On l'a vu dans l'affaire d'Outreau, où la surdité a confiné à la complicité.

Une fois qu'il a pu se procurer le dossier, l'avocat doit en restituer le contenu à son client, c'est la moindre des choses puisqu'il n'y a pas accès. Il ne manquerait plus qu'un justiciable ait son dossier ! De quoi se mêlerait-il ? Jusqu'en 1996, il y a encore très peu, cette restitution ne pouvait être que verbale. La loi, en effet, interdisait à l'avocat de remettre des pièces du dossier à son client. On voit à l'œuvre l'effort permanent de faire de l'homme concerné un étranger dans son histoire. Il a fallu lutter pour que l'étranger ait un passeport pour voyager dans l'étendue de ses malheurs. Aujourd'hui la loi édicte que : « *Après la première comparution ou la première audition, les avocats des parties peuvent se faire délivrer, à leurs frais, copie de tout ou partie des pièces du dossier et transmettre une reproduction des copies ainsi obtenues à leur client*[1]. »

Tout n'est pas aussi simple que la loi le laisse entendre. Des garanties ont été prises pour éviter des divulgations. On fait toujours comme si le secret de l'instruction existait. Les rêves ont la vie dure dans une société de l'irréel triomphant. L'article 114-1 punit de 3 750 euros d'amende la diffusion auprès d'un tiers des pièces et actes remis en copie au client de l'avocat, sauf la possibilité de diffuser une copie des rapports d'expertise, mais uniquement pour les besoins de la défense. Le destinataire de ces copies doit attester avoir pris connaissance de ces dispositions répressives. Ce n'est pas tout, il faut que le juge garde la

---

1. Article 114 du Code de procédure pénale.

main. N'allez pas croire que la communication du dossier à la personne concernée se fait comme cela, simplement, dans l'exercice facile d'un droit pourtant évident. L'avocat doit fournir au juge la liste des pièces ou actes qu'il souhaite remettre en copie à son client. Le juge peut alors s'opposer à la transmission. Il garde l'œil. Sa décision de refus doit être motivée par les risques de pression. Son refus peut être soumis au président de la chambre de l'instruction qui décide sans appel.

Les risques de pression ? Il y en aura toujours. Est-ce une raison suffisante pour priver un justiciable de son dossier ? Si le juge accepte qu'un accusé sache qui l'accuse et comment, l'avocat doit transmettre la procédure au greffe de la prison qui, dans les trois jours, doit la remettre. Il peut arriver aussi qu'un juge d'instruction sourcilleux préfère que le dossier ne soit pas entre les mains de l'intéressé. Il décide alors que la consultation aura lieu au greffe de la prison. C'est facile !

Le rôle réel de l'avocat, nonobstant ces obstacles mesquins, s'analyse encore mieux dans l'étude des moyens que la loi et la pratique lui confèrent dans l'exercice du contrôle de l'instruction. Jusqu'à une date récente, l'avocat n'avait aucune miette de contrôle, bien qu'il soit dit et répété que l'instruction était conduite à charge et à décharge. Il devait se contenter de suggérer du bout de son stylo les mesures qui paraissaient utiles. Le juge, enfermé dans la citadelle de son silence hautain, n'avait même pas à répondre, ne serait-ce que par politesse. La bonne éducation n'a pas d'article dans le Code qui la rende obligatoire.

Depuis la loi du 4 janvier 1993, les parties peuvent, au cours de l'information, saisir le juge d'instruction d'une demande écrite et motivée tendant à ce qu'il soit procédé à leur audition ou à leur interrogatoire, à l'audition d'un témoin, à une confrontation, à un transport sur les lieux ou à ce qu'il soit ordonné la production d'une pièce utile à l'information, ou à ce qu'il soit procédé à tous autres actes qui paraissent nécessaires à la manifestation de la vérité. Le juge, s'il n'entend pas faire droit à cette demande, doit rendre une ordonnance motivée, au plus tard dans le délai d'un mois à compter de la réception de la demande. À défaut, les parties pourront s'adresser directement au président de la chambre de l'instruction. Le rôle de ce dernier est donc fondamental dans le bon fonctionnement dialectique de la démocratie judiciaire. On peut espérer qu'il n'existe pas deux présidents de la trempe molle de celui d'Outreau… Il suffit que le système de contrôle fonctionne mal, à cause des hommes, pour que l'arbitraire règne dans la connivence corporatiste. Qu'on surnomme la chambre de l'instruction « chambre des enregistrements » est, sans doute, un effet de la malveillance ironique des praticiens. On aura la méchanceté de s'intéresser un peu plus loin à ce surveillant qui ne siffle jamais !

Défendre, même s'il appartient à l'accusation d'apporter les preuves, c'est prouver l'innocence. On est présumé innocent parce qu'on est présumé coupable ! On a beau entonner les déclarations sur la présomption d'innocence, le justiciable pue la culpabilité. Elle suinte des pores de l'institution.

Le moyen de prouver son innocence est-il donné à l'accusé ? Non. La preuve, il n'a pas le droit de contre-enquêter. Il doit subir le travail de la police et du juge. Quoi qu'il arrive, que le juge d'instruction disparaisse ou ne disparaisse pas, l'enjeu est là ! L'avocat de la défense aura-t-il un jour, enfin, le droit de rechercher des preuves ? C'est la seule garantie, qu'on ait affaire à un juge ou à un procureur, d'avoir une enquête à décharge. Si les enquêtes des juges d'instruction avaient été conduites à charge et à décharge, on n'en serait pas à envisager leur enterrement par les entreprises de pompes funèbres des procureurs gouvernementaux, non ?

On se souvient du film *The Staircase*, dans lequel l'avocat, David Rudolf, défenseur d'un homme accusé du meurtre de son épouse, mène sa contre-enquête, flanqué d'un détective qui ne rend compte qu'à lui de ses trouvailles. Une situation inconcevable en France, un scénario impossible ! Notre culture judiciaire ne le supporterait pas. En France, on tourne en rond, le juge, le procureur, les policiers. Aucune place pour les empêcheurs de tourner en rond ! Les choses se trament dans la famille, toujours irréprochable, bien sûr, des accusateurs. Une minuscule brèche s'est faite, depuis 1996, dans le conclave des consciences judiciaires, par le truchement de l'expertise. L'avocat peut maintenant, on y aura mis le temps, communiquer à un expert privé le rapport d'expertise judiciaire, sans avoir à demander l'autorisation au guichet du juge. Ce contre-rapport d'expertise pourra être versé au dossier et le contre-expert pourra témoigner. Quel crédit sera accordé à l'étranger qui contredit ? On l'a compris depuis longtemps, la justice est une affaire de famille ; on est entre soi, entre gens de robe, de même école, de mêmes manières ; on se jalouse, on se déteste, mais on s'harmonise dans l'exercice de la fonction qui crée l'orgasme de pouvoir ! Alors, dans ce protectionnisme, l'expert venu d'un monde qui n'entre pas dans la colonie pénitentiaire des experts désignés choisis, chouchous du procureur ou du juge, risque fort d'être mal reçu. La preuve par la pieuvre. Deux décisions de la Cour de cassation révèlent les réticences contre lesquelles il faut lutter pour qu'un peu d'air libre entre dans le système. Les vieux de la vieille légale ont été obligés de pondre deux arrêts. L'un pour dire que les juges ne pouvaient écarter les rapports des experts privés des débats, l'autre pour dire qu'ils ne pouvaient refuser d'entendre, à l'audience, comme témoin, un expert exogène... C'est avouer l'accueil chaleureux que les juges d'en bas ont réservé pendant longtemps aux intrus !

Pourtant, l'histoire de la justice est pavée du ridicule sentencieux des experts officiels, presque toujours d'accord avec l'accusation ! La grande affaire qui a moliérisé, une fois pour toutes, les Purgon de l'expertise, fut l'affaire Marie Besnard, à la fin des années 1950 et, surtout, l'affaire des médecins de Poitiers en 1988. Dans ces deux procès, ce furent les experts privés, mandatés par la défense, qui permirent aux avocats de faire éclater, comme un éclat de rire sinistre, la vérité. De cette farce date l'essor de l'expertise privée en France, pays des retards ringards. Il est temps que les choses changent. Comme le juge, son maître à danser, l'expert, dans la solitude et le secret, est réputé découvrir la vérité.

Qu'est-ce qu'un expert ? Un quidam qui se satisfait d'un statut qui lui confère un savoir que rien ne démontre, qui a réussi à se faire désigner par le juge, son fournisseur attitré, qui souvent a le temps parce qu'il n'a rien d'autre, surtout pas de clients. Toujours ce monde clos, circulaire, dépendant et pédant.

Depuis une loi de 2007, les avocats peuvent demander au juge d'adjoindre un autre expert à celui qu'il a commis. Mais c'est toujours le juge qui choisit l'expert ! Toujours le même monde. Comment imaginer que deux experts, travaillant sous le même chapeau, s'opposeront ? Il n'y a là aucun esprit de contradiction ! En réalité, si l'on voulait prendre le risque salutaire d'une expertise ouverte, les opérations devraient se dérouler de manière contradictoire, chaque partie pouvant être assistée de l'expert de son choix dans le cadre d'un véritable débat scientifique. On n'en est pas là. C'est dire à quel point le recours à l'enquête privée est loin d'être admis. L'instruction pénale est un champ clos, sur lequel se dresse le panneau « propriété exclusive du juge et des policiers ». Aujourd'hui, le fait de confier à un détective le soin d'organiser la filature d'une victime ou d'un témoin se heurterait à un obstacle, son illicéité pour cause d'atteinte à la vie privée. Le fait de procéder à l'interrogatoire soumettrait l'avocat et le privé aux foudres du délit de subornation de témoin. L'état de notre droit, reflet des mentalités judiciaires, s'oppose à toute intrusion dans le château fort du juge, qui ne veut pas partager son pouvoir de châtelain des châtiments.

Comment peut-on continuer à tolérer qu'un justiciable ne soit pas en mesure, devant l'inertie d'un juge ou la carence de la police, d'aller rechercher la preuve vitale dont il a besoin ? Il ne s'agit pas de transformer la justice française en série américaine ni de remplacer Jules Maigret par Nestor Burma. Il s'agit, dans un cadre prudent et légal, d'organiser le droit à la preuve.

D'abord, en définissant les attributions des agents privés de recherches, en les autorisant à faire des filatures et à entendre des témoins. Ensuite, en réglant la question de la protection de la vie privée en limitant dans la durée les actes, en les faisant connaître au juge, en engageant la responsabilité civile des agents, en créant un ordre, en informant la personne interrogée qu'elle peut, en cas d'abus, saisir l'organe de discipline, présidé par un ancien préfet. À ce petit prix-là, on pourrait éviter, peut-être, d'avoir une affaire d'Outreau, une affaire Omar Raddad, j'en passe et j'en oublie dans les oubliettes des erreurs judiciaires.

Et pourtant le système, méfiant, avait installé des garde-fous garde-juges. D'abord un supposé contrôle hiérarchique. Le petit juge est le magistrat le plus noté de France. Outre l'évaluation tous les deux ans par le premier président de la cour d'appel, de nombreux magistrats émettent des avis sur son activité, le président de la cour d'assises, le président de la chambre des appels correctionnels, le juge des libertés et de la détention, le président de la chambre de l'instruction. Une fois par an, le président du tribunal de grande instance reçoit les observations écrites du président de la chambre de l'instruction sur le fonctionnement des cabinets d'instruction de son ressort. Ont-ils tous été aveugles dans l'affaire d'Outreau ? Ou bien leur aveuglement corporatiste en fait-il des complices ?

Vous remarquerez qu'aucun avocat n'est consulté, qu'aucun bâtonnier ne pointe l'ombre de son bâton. Il ne manquerait plus qu'on demande son avis au représentant des justiciables… Restons en famille ! Que de contrôles pour ne rien contrôler…

En application de l'article 220 du Code de procédure pénale, le président de la chambre de l'instruction doit s'assurer du bon fonctionnement des cabinets d'instruction. Pendant l'affaire d'Outreau, il devait dormir du sommeil du juste fonctionnaire. Il arrive quelquefois que le petit juge ait affaire aux grands dans le cadre de poursuites disciplinaires. Est-ce possible ? Certaines décisions, toujours discrètes, mettent en exergue des manquements qui font frémir : le fait de ne pas statuer sur des demandes de mises en liberté, ce qui est une manière de se foutre de l'homme emprisonné ; le fait de ne pas contrôler les personnes ou services à qui le juge délègue une partie de ses pouvoirs, ce qui est une manière de se foutre de son boulot ; le fait de laisser s'écouler un ou trois ans entre le premier acte d'instruction et l'ouverture de la procédure, ce qui est une manière de mépriser le temps des justiciables ; le fait d'être incapable d'utiliser l'outil informatique, et ainsi de suite…

Que peut faire le justiciable ainsi bafoué ? Se retourner vers le contribuable, son frère. Il ne peut rien faire directement contre le juge, l'intouchable du système. Une procédure existait, la prise à partie, qui permettait de s'en prendre aux juges ; elle a été supprimée ! Désormais, seul l'État est tenu de réparer le dommage causé par le fonctionnement défectueux de la justice. Cette responsabilité n'est engagée que pour une faute lourde ou un déni de justice. L'État garantit les victimes des dommages causés par les fautes personnelles des juges et autres magistrats, sauf recours contre ces derniers. Qu'est-ce qu'une faute lourde ?

Quelques exemples permettront de mieux comprendre : constitue une faute lourde le fait, par exemple, pour un juge d'instruction de laisser prescrire un dossier puis d'avoir tenté de le dissimuler, le fait pour un procureur de commettre une erreur sur les conditions juridiques de l'engagement des poursuites, puis l'absence de vérification du juge d'instruction sur la régularité de sa saisine, le fait pour un juge de ne rien faire dans un dossier pendant quatre ans et sept mois… On peut dire, après cela, qu'effectivement la justice est lente.

Comment le juge d'instruction peut-il concilier son impératif d'efficacité avec le respect des droits de la défense ? Juger, c'est être capable de mettre de la distance entre soi et l'affaire, entre soi et l'homme livré, tout en devant forcément s'impliquer. Comment concilier l'obligation contradictoire d'enquêter, c'est-à-dire de mettre les mains dans la boue humaine, tout en demeurant cet idéal d'homme, être un *« tiers impartial et désintéressé »*, selon la formule de Kojève ? C'est impossible ! On a fait fonctionner une fiction en plaçant le juge d'instruction, doté fictivement d'une autorité transcendantale, comme un homme dont la seule nature lui permettrait de dépasser les conflits humains. Un boniment sacerdotal !

Le juge est un homme ordinaire qui sort de l'ordinaire dans la large marge de manœuvre que lui laisse l'incertitude de la loi. Elle dit que : « *Le juge d'instruction procède, conformément à la loi, à tous les actes d'information qu'il juge utiles à la manifestation de la vérité*[1]. » Il est le maître absolu de l'utilité et de la manifestation de la vérité. Quelle folie de laisser à un seul homme le pouvoir de définir ce qui peut permettre l'expression de la vérité ! C'est un sorcier, un sourcier.

On n'imagine pas l'immense liberté laissée au juge dans le domaine de l'interrogatoire. On touche là au champ de la parole, l'endroit où presque tout se noue et se dénoue. Aucune règle ne régit les rapports de l'orpailleur en chef de vérité avec la personne, qu'il s'agisse du mis en examen, des témoins, de la partie civile, de laquelle il doit extraire le filon. Et pourtant, c'est là, dans cette relation, que l'on constate parfois l'existence d'un comportement peu respectueux. Le juge est dans une situation de domination évidente. Il dispose, en outre, d'un arsenal de moyens de pression connus, dénoncés, la saisine du juge des libertés, le refus du permis de visite, la censure du courrier, l'attente humiliante pendant des heures dans les geôles du palais de justice, les saisies, les révélations par audition de témoins, la mise en cause des proches par des

---

1. Article 81 du Code de procédure pénale.

tracasseries policières, des gardes à vue, des convocations, des reports soudains, le chantage aux aveux. Je ne suis pas le seul à le dire, le doyen des juges d'instruction de Nice, Pierre Chambon, ancien magistrat, le dit, certes en nuançant : « *Le chantage aux aveux a, sinon totalement disparu, du moins diminué*[1]. » De fait, la parole du juge n'est encadrée par aucun texte. On fait confiance à l'humanité du professionnel, à son éducation, à sa vocation… Dans leur ouvrage *Droit et pratique de l'instruction préparatoire*, Guéry et Chambon, de la maison, évoquent les humiliations que la parole peut produire : le tutoiement, les signes de mépris, le fait de faire regarder les menottes, d'obliger au videment des poches.

Au-delà de ces manières de malade qu'aucun médecin de la constipation de l'âme ne peut soigner, il peut y avoir pire, prêcher le faux pour savoir le vrai, retranscrire la parole en la déformant, orienter les réponses, les sélectionner.

On demande trop à ce petit bonhomme. Et pourtant, on lui demande des choses élémentaires ; être courtois, dire « monsieur », se présenter, c'est la politesse du pouvoir, n'avoir aucun ressentiment personnel, c'est le minimum freudien, faire preuve d'humilité, être capable d'imaginer qu'il peut se tromper, être impartial et indépendant.

---

1. Christian Guéry et Pierre Chambon, *Droit et pratique de l'instruction préparatoire*, Dalloz, 2010, p. 47.

LA VIEILLE VEILLEUSE

La chambre de l'instruction

Ce petit bonhomme, le juge, en a trop fait. On veut le supprimer. On accumule les reproches contre lui, oubliant qu'on lui a donné les moyens d'agir à sa guise, oubliant qu'au-dessus de lui, une chambre de l'instruction devait veiller, qui s'est contentée d'être, trop souvent, une chambre des dormeurs de dossiers.

Un exemple récent illustre le rôle incroyablement partisan de certaines chambres de l'instruction qui dorlotent les juges d'instruction, leur donnant toujours raison.

Un individu était poursuivi pour meurtre et faux. Le juge d'instruction avait désigné deux experts en écriture dont les conclusions étaient contradictoires. Le procureur demanda au juge de convoquer les experts, en sa présence, afin d'obtenir des explications sur leurs conclusions. Le juge accepta sans sourciller. L'explication eut lieu sans que les avocats des parties, accusés et victimes, ne fussent convoqués ! On touche là du doigt l'évident mépris que juges et procureurs ont pour les avocats, les accusés, les victimes. On veut rester entre soi, juge et procureur, sans être dérangés par des étrangers concernés, cependant, au premier chef, mais que ça ne regarde pas. On demanda l'annulation de cet acte. On est quand même à l'époque de l'égalité des armes entre défense et accusation, de la Convention européenne, du respect du contradictoire, enfin toutes choses que le lecteur du journal sait ! Eh bien, la chambre de l'instruction refusa d'annuler ce rendez-vous des juges. Pour elle, il était normal que les avocats ne fussent pas convoqués ! La Cour de cassation fut saisie. Elle cassa le 11 mai 2010 la décision de la chambre de l'instruction, ce qui tendrait à prouver qu'il y a un réveil de l'honorable institution. Elle affirme que le principe de l'égalité des armes, tel qu'il résulte de l'exigence d'une procédure équitable et contradictoire, impose que les parties au procès disposent des mêmes droits ; qu'il doit en être ainsi, spécialement, du droit pour l'avocat d'une partie d'assister à l'audition d'un expert effectuée sur réquisitions du procureur de la République, en présence de celui-ci.

La Cour de cassation voit dans le comportement du juge une atteinte à l'égalité des armes, fondement moderne de la loyauté dans l'affrontement judiciaire entre la défense et l'accusation. C'est l'évidence commandée par l'article 6 de la Convention européenne et par les principes directeurs, contenus dans l'article préliminaire du Code de procédure pénale. C'est l'évidence ordonnée par la démocratie judiciaire, par l'idée que l'échange des points de vue est un mécanisme de découverte de la vérité, que le juge doit entendre « le oui et le non » pour se faire une opinion libre. On appelle cela le respect du principe du contradictoire.

Comment un juge d'instruction et des magistrats de la chambre peuvent-ils ne pas le voir ? Aveugles à l'évidence, pourquoi faut-il que la Cour de cassation soit obligée d'ouvrir les yeux de ces contrôleurs ? Ce n'est pas par hasard si la chambre de l'instruction est surnommée par les professionnels la « chambre des évêques » ou la « chambre des confirmations ». L'opinion, à ce sujet, de Philippe Houillon, rapporteur de la commission d'enquête sur Outreau, en dit long : « *On se contente souvent d'y opiner du bonnet, sans s'interroger sur le fond de l'affaire, sans remettre en cause le travail des collègues qui l'ont examinée. Que voulez-vous, on ne sait jamais, cela pourrait les fâcher. Dans cette corporation où l'on passe volontiers, par carriérisme, du siège au parquet, puis du parquet au siège, les hasards conduisent ses membres à se croiser régulièrement. Un jour ou l'autre on finit par se rencontrer quelque part. Mieux vaut éviter les frictions. Mieux vaut ravaler ses critiques. Pas de fâcheries surtout, cela pourrait gêner l'admirable progression d'un parcours. »*

Le cas de Roselyne Godard, l'une des victimes d'Outreau, victime des juges, est exemplaire de ce que la chambre de l'instruction néglige de faire, niant sa mission de contrôle, roupillant dans la routine. Cette pauvre femme a été enfermée dans le cachot des certitudes de Burgaud ! Elle a multiplié les demandes de mises en liberté, frappant contre la porte à s'en briser les poings, sans jamais être entendue ; ni par le juge solitaire et sévère ni par les juges indifférents de la chambre de l'instruction. Elle criait dans le désert des consciences professionnelles, photocopieuses des décisions du petit juge consciencieux et bien-aimé. Toujours des refus ! Jusqu'à ce jour du 13 août, chaud, lourd, de vacances judiciaires, où elle fait une ultime demande de mise en liberté, jugée en appel par des magistrats vacataires, des remplaçants, qui ne connaissent rien à son affaire, mais qui, pour une fois, miracle, l'écoutent. Elle est seule, son avocat, en vacances, peut-être, ne vient pas, fatigué d'essuyer des refus systématiques. À l'époque, les avocats ne pouvaient faire que de *« simples observations »*, manière de dire qu'il ne fallait pas surcharger les oreilles payées des magistrats d'oiseuses explications. Roselyne, toute seule, terrifiée, découragée, s'avance face au mur noir de ce qui fut toujours pour elle le mur du silence sentencieux. Elle a tout perdu ; elle ne voit plus sa fille depuis des lustres, son mari l'oublie, sa petite épicerie ambulante est ruinée ; depuis un an elle crie, en vain, son innocence avec des mots impuissants. Elle raconte : « *J'ai eu beaucoup de chance : c'étaient des juges vacataires et non les juges habituels ; pour la première fois, j'ai eu le sentiment d'être entendue.* »

Elle retourne à la maison d'arrêt, certaine de rester en prison, même si le sentiment d'avoir enfin été écoutée la réconforte. À 19 h 30, elle apprend qu'elle est libre, sous contrôle judiciaire ! Aucun élément nouveau par rapport au dossier ne justifiait son incarcération depuis des mois. Il aura seulement fallu qu'elle croise des juges humains qui n'ont pas craint de déplaire…

L'audition des trois ex-membres de la chambre de l'instruction d'Outreau, les trois refuseurs compulsifs qui avaient refusé les mises en liberté des acquittés, par la commission d'enquête, en dit long sur l'état d'esprit de ces verrous vertueux. Didier Beauvais exhorte la commission à « *ne pas juger les juges*[1] » !

Incroyable, cette peur du juge d'être jugé, ce besoin d'immunisation contre tout jugement ? Un monde à part que ne doit pas atteindre le jugement des autres. Juge, donc, toute une vie passée à juger sans jamais l'être !

---

1. Rapport d'Outreau.

Quelle trouille titile ces hommes à l'idée d'être jugés ? Freud aurait dû se pencher sur la question. Dans un premier temps, le magistrat, courroucé de comparaître, se lance « *dans un interminable exposé*[1] » – on est loin des observations sommaires –, dans lequel il égrène l'indépendance du juge d'instruction, l'excessive charge de travail, la brièveté des délais de jugement, sa conviction qu'il existait « *des charges suffisantes*[2] » pour expédier tout ce sale monde devant la cour d'assises. Quelle pitoyable explication ! Quel juge exonérerait un médecin fautif parce que la charge de travail l'accablerait ? Un P.-D.G. négligent à cause de la paperasserie ? Un radiologue qui se tromperait à cause de la vétusté du matériel ?

À qui la faute, puisque ce n'est la faute de personne ? On ne va pas la mettre sur le dos de Voltaire et de Rousseau ! La faute à l'indifférence aux malheurs ? Oui, sans aucun doute. Comment ces juges ont-ils pu ne pas entendre les grèves de la faim, la mort en prison, les demandes réitérées, les incohérences du dossier, les arguments de la défense ? La faute à l'absence d'esprit critique, l'absence de méthode d'analyse des événements, l'absence de cœur, le culte des apparences, des préjugés, la tour d'ivoire du corporatisme d'où l'on ne voit rien venir sinon soi-même, toujours en majesté, l'indifférence, enfin, la cruelle indifférence.

La chambre de l'instruction, c'est la tour de contrôle des juges d'instruction. Une tour qui, souvent, comme à

---

1. Philippe Houillon et Elisabeth Fleury, *Au cœur du délire judiciaire*, *op. cit.*
2. *Idem*.

Outreau, ne voit rien venir ou ne veut rien voir venir. Si elle avait fait son boulot, le drame aurait été évité ! Elle porte sur ses épaules voûtées une énorme responsabilité dans la suppression du juge d'instruction[1]. Sa responsabilité dans le sentiment de toute-puissance qui excite certains juges est indéniable puisqu'elle leur donne presque toujours raison. Si ce n'avait été ce conformisme, le système, tel qu'il est, aurait pu fonctionner démocratiquement. On critique le juge d'instruction, on se tait sur le tuteur, la chambre de l'instruction. C'est injuste, alors même que la loi confie à cette institution un devoir de surveillance. Le président détient des pouvoirs propres qui lui permettent d'exercer un contrôle sur la façon dont le juge travaille : il doit s'assurer du bon fonctionnement des cabinets d'instruction, de la célérité des procédures, de l'usage de la détention ; il doit visiter, aussi souvent qu'il l'estime nécessaire, et au moins une fois par trimestre, toutes les maisons d'arrêt de son ressort ; il doit vérifier la situation des détenus enfermés provisoirement. Il peut même, à lui tout seul, si une détention pose problème, si, au bout de trois mois d'incarcération, l'affaire le préoccupe, saisir la chambre ; il peut, lorsqu'un délai de quatre mois s'est écoulé depuis la date du dernier acte d'instruction nécessaire à la manifestation de la vérité, saisir la chambre.

La chambre peut réformer les ordonnances du juge ; pourquoi ne le fait-elle presque jamais ? Elle peut annuler les actes illégaux, pourquoi s'échine-t-elle à les sauver ?

---

1. Sauf tempête, cette suppression est reportée après 2012.

Elle pouvait, jusqu'alors, se réserver le contentieux de la détention, ce qui appelle maintenant des réserves du Conseil constitutionnel : en clair, la chambre ne pourra plus se réserver ce contentieux, qui privait le justiciable du double degré de juridiction. Qu'est-ce qui conduit ces magistrats à être des contrôleurs incontrôlables ? Hubert Dalle, un sérieux, répond : « *L'habitude, trop fréquente chez certains, de s'en remettre aux conclusions de ceux dont ils doivent contrôler les actes de procédure, par manque de temps, par paresse intellectuelle, par habitude*[1]. » Seraient-ce là des excuses ?

Je suis désolé mais la paresse, le manque de temps, l'habitude n'ont jamais exonéré un médecin de la mort d'un patient, un chef d'entreprise de la mauvaise tenue d'une comptabilité, un pilote d'avion d'un crash ! Aujourd'hui, on veut supprimer le juge d'instruction. Pourtant, notre système avait pris toutes les précautions à son égard, manifestant sa méfiance. Malheureusement, dans une complicité de caste, les gardiens n'ont rien gardé ! Comme on disait dans l'ancien droit : « *Qui peut et n'empêche pèche.* »

Dans tout cela, il ne faudrait pas oublier le procureur, le futur grand prêtre de la nouvelle organisation judiciaire…

---

1. Hubert Dalle, *Culture Droit*, n° 2, avril-mai 2005.

Le procureur : le chien du maître ?

S'il fallait une affaire pour démontrer les dangers qu'il y aurait à confier, en l'état de notre droit, la conduite des enquêtes au procureur, l'affaire Bettencourt, à elle seule, suffirait. Forcément concerné par ce dossier, puisqu'on parle de lui dans les enregistrements, le procureur Courroye, comme si de rien n'était, très à l'aise, pas gêné, malgré les cris d'indignation de ses collègues, a continué de diriger l'enquête, jusqu'à ce que le procureur général le dessaisisse. Le procureur est un ami du président de la République, sérieusement mis en cause. Et alors, où est le problème ? Le procureur a eu sa belle Légion d'honneur, remise par le président. Et alors, où est le problème ? Le procureur rend compte par le biais de la voix hiérarchique à son patron, le ministre de la Justice, qui informe le président. Et alors, où est le problème ? Les enquêteurs sont sous les ordres du procureur, qui est sous les ordres du ministre, qui est sous les ordres du président. Et alors, où est le problème ? Si l'on veut supprimer le juge d'instruction, il faut supprimer les procureurs à la courroie, sinon la suspicion sur l'indépendance du parquet ruinera la réforme. Au demeurant, tout ce beau monde s'est mouillé sous une pluie de honte, d'insultes, d'écoutes, de querelles, pour qu'en fin de compte la vieille dame censée insane signe en toute lucidité un accord avec sa fille, qui la trouve apte à conclure en toute lucidité ! L'ineptie à géométrie variable vient de naître…

C'est quoi, un procureur de la République du président ?

Les magistrats, même si ce titre aujourd'hui leur est contesté, auxquels la loi a confié le soin d'assumer la lourde charge de l'action publique, ne sont pas véritablement des juges, mais les membres du ministère public. Ils sont nommés par décret du président de la République, sur proposition du garde des Sceaux. On demande son avis au Conseil supérieur de la magistrature. Son avis seulement. Ces magistrats dits « debout », ce qui n'a rien à voir avec une posture rebelle, mais avec le fait qu'ils se lèvent pour requérir, sont amovibles et révocables. Ils constituent, auprès des juridictions répressives, le parquet ! Cette appellation vient de l'Ancien Régime. Époque où la notion d'égalité des armes n'existait pas, mais où le représentant du roi ne siégeait pas sur l'estrade élevée des juges. Il se débattait au même niveau que le justiciable et son représentant. Ce nom est resté même si, aujourd'hui, et depuis longtemps, par un effet d'attraction vers le haut, de sublimation architecturale, le procureur se retrouve à la même hauteur que les juges. La Cour européenne considère que cette place haut perchée n'altère point la règle de l'égalité des armes, et que le procureur peut faire corps avec le tribunal et dominer de son fauteuil éjectable la défense sans qu'il y ait à y redire. On peut ne pas être d'accord, mais il serait triste de séparer les membres d'une même famille !

Essayons de voir d'un peu plus près le portrait de l'accusateur qui pourrait devenir l'homme le plus puissant de France. Il est le représentant du pouvoir exécutif, d'où sa subordination hiérarchique, son indivisibilité, et sa totale irresponsabilité. Il est placé sous la férule du gouvernement ! Il reçoit des ordres de son supérieur et il doit obéir, la discipline étant la force principale des parquets. Au sommet de la hiérarchie trône le garde des Sceaux, ministre de la Justice, qui donne des instructions écrites – si elles sont verbales, ce n'est pas bien, mais est-ce impossible ? Il y a un vieux truc enfermé dans la boîte à malice d'une formule, « *la plume est serve, mais la parole est libre* », qui permet aux hypocrites de soutenir l'existence d'une relative liberté de parole du ministère public. Cet adage vieillot de la vieille France n'a aucun effet dans la réalité. Il est censé permettre au procureur de clamer haut et fort le contraire de ce que, par ordre, il a écrit ! On entend rarement, pour ainsi dire jamais, une telle dysharmonie d'indépendance d'esprit dans les audiences, même si la loi prévoit « *qu'à l'audience, leur parole est libre* ».

Un autre caractère étrange du ministère public est, comme La Trinité, son indivisibilité ! Il pourrait donc écrire une chose et en dire une autre. Bon. Mieux encore, dans la schizophrénie institutionnelle, celui qui agit ou qui parle ne le fait pas en son nom, mais au nom du parquet tout entier. La fonction absorbe la personnalité de chacun de ses membres. Ce qui a pour conséquence qu'un procureur peut commencer une audience et un autre la terminer. C'est excellent pour créer des hommes irresponsables qui sont, du reste, irresponsables.

S'il intente une action à tort, il ne peut être condamné à des dommages et intérêts envers l'accusé acquitté. C'est le grand confort des procureurs contents, en paix avec eux-mêmes, tranquilles comme Baptiste ! Cette irresponsabilité est d'autant plus scandaleuse que l'homme en rouge est irrécusable. Oui, votre pire ennemi peut réclamer dix ans de prison contre vous sans que cette haine soit discutable. Il peut être l'amant de votre femme et se payer la gaufre, s'il ose, de vous envoyer aux galères, vous ne pourrez pas le récuser. Il peut être votre voisin et ne pas supporter le mur mitoyen, et requérir contre vous une jolie peine pleine de prison ! D'où l'impérieuse nécessité, si la réforme devait être votée, de changer le statut de cette chose médiévale effrayante.

Dans notre droit, le procureur a d'immenses pouvoirs. Il dispose de pouvoirs bien plus étendus que les autres parties. Avant la saisine, rarissime aujourd'hui, du juge d'instruction, il peut, en cas de crime ou de délit flagrant, accomplir personnellement tous actes d'enquête ; constater, lui-même, toutes les infractions ; recevoir les plaintes et les dénonciations.

Au cours de l'instruction, il donne son avis pour la délivrance d'un mandat, la main levée d'un contrôle judiciaire. Il peut présenter des réquisitions pour toutes les demandes de mise en liberté, exiger du juge toutes mesures qui lui paraissent utiles à la manifestation de la vérité, se faire communiquer, à tout instant, le dossier, assister aux interrogatoires, interjeter appel de toute ordonnance du juge d'instruction ! Et ce n'est pas fini… Il peut déclencher l'affaire ou la classer, l'enterrer, diront les mauvais esprits ! Enfin, en un mot, il est tout-puissant. N'est-il pas au service de la société ? C'est un soldat aux ordres d'un général, le ministre de la Justice, qui ne donnerait que des ordres écrits ! Il est soumis aux pouvoirs par les textes, l'avancement, l'état d'esprit.

La loi du 9 mars 2004 a réaffirmé le modèle hiérarchique du parquet. Cette vieille organisation est tout entière le fruit d'une culture de la soumission aux pouvoirs politiques, digne héritière d'une conception napoléonienne de la justice, que la République s'est appropriée. Les scandales politico-financiers qui ont diverti l'entre-deux-guerres ont permis, malgré tout, des ajustements de la laisse, sans jamais la lâcher. Des sursauts d'émancipation, sauts de puces, ont été enregistrés par le fait de magistrats choqués par les époques de Vichy, de la guerre d'Algérie. Les icônes de cette résistance furent deux magistrats, Antonin Besson et Maurice Rolland. Pour eux, le pouvoir pouvait donner des ordres, mais devait laisser libres les consciences ! Doctrine définie d'une phrase par l'auguste Faustin Hélie, référence obligatoire : « *Le pouvoir exécutif peut imposer au parquet des actes, mais il ne peut lui imposer une opinion*[1]. » Refuge facile que la conscience, où nul n'entre, où chacun peut s'accommoder, et « *dont on peut user une fois l'an* », selon Le Roux de Lincy !

Pendant des lustres, tous feux éteints, on s'en remit aux consciences promues, décorées, dévouées. La Constitution de 1958, en son article 64, conféra au président de la République la qualité de « *garant de l'indépendance de*

---

1. Faustin Hélie, *Traité de l'instruction criminelle, op. cit.*

l'autorité judiciaire », y compris de celle des procureurs, qui devenaient indépendants du fait de la garantie…

À l'ombre de cette belle phrase poussèrent le Haut Tribunal militaire, le discours prononcé par le général de Gaulle le 8 mai 1961, où il considéra la justice comme le bras séculier du pouvoir, tout comme l'armée et la police, la révélation inouïe que fit le procureur général Antonin Besson, dans son grand livre *Le Mythe de la justice* des pressions qu'il subit, jusqu'à en tomber malade, parce qu'il ne voulait pas requérir la peine de mort contre Challe et Zeller : « *Ils se permirent de me rappeler que j'étais proposé pour le grade de grand officier de la Légion d'honneur et que, si je persistais dans mes égarements, cette proposition s'égarerait à son tour*[1]. » Après cette confidence, que penser de certains juges décorés ?

On dormit ainsi les deux oreilles sur la conscience jusqu'à la fin des années 1980 où surgirent les affaires de financement illégal des partis qui affolèrent la classe politique. Les interventions auprès des parquets pour empêcher ou limiter les saisines et les investigations, l'intervention parlementaire pour favoriser les lois scélérates d'amnistie, réveillèrent l'opinion sur la relation incestueuse entre les parquets et le pouvoir. Le vent de révolte du suffrage fit tomber deux fruits de l'arbre à lois, la loi du 4 janvier 1993 et la loi du 24 août 1993 ! Désormais le ministre ne peut plus donner l'instruction de ne pas poursuivre, il a l'obligation d'écrire et de verser au dossier toute instruction ministérielle. Tout cela n'empê-

---

1. Antonin Besson, *Le Mythe de la justice*, Plon, 1973.

cha pas, en 1996, l'épisode comique du Tintin procureur d'Evry en Himalaya, qu'un hélicoptère rechercha dans les neiges blanches comme l'hermine irréprochable pour qu'il empêchât son adjoint d'ouvrir une information judiciaire… On oublie, on oublie vite, hélas, Davenas au Tibet !

Comme un vent froid venu des cimes de la France d'en bas soufflait, on créa une commission présidée par Pierre Truche, qui apporta quelques réformes, qui ne changèrent rien profondément ; l'actuel parquet, tel qu'il ressort de la loi du 9 mars 2004, demeure jacobin, centralisé, hiérarchisé et aux ordres du gouvernement.

Le Conseil constitutionnel, le 2 mars 2004, a rappelé que les magistrats du parquet sont placés sous l'autorité du ministre de la Justice dans les conditions fixées à l'article 30 du Code de procédure pénale, que cette soumission est conforme aux traditions de la République, qu'elle ne viole pas le principe de la séparation des pouvoirs. Il faut une sacrée dose de jésuitisme au douanier constitutionnel pour considérer que la frontière de la séparation des pouvoirs n'est pas franchie quand un ministre donne des ordres à un magistrat *« garant des libertés individuelles et des intérêts généraux de la société*[1] *»*.

Le vrai problème est posé par l'hypocrisie des jurisconsultes officiels, qui ne veulent pas voir la contradiction à l'endroit même où elle éclate et qu'identifie d'une phrase Michèle-Laure Rassat : *« On ne peut pas servir deux maîtres à la fois. »* Or, les procureurs et les

----

1. Conseil constitutionnel.

procureurs généraux ont deux maîtres qui font rarement bon ménage, la justice et la politique ! Une preuve ? Les procureurs sont nommés, après un simple avis du Conseil supérieur de la magistrature, dont il n'est tenu aucun compte. Les procureurs généraux, les chefs des procureurs, sont toujours nommés, comme les préfets, de façon discrétionnaire en Conseil des ministres et congédiables sur un renversement du pouce, même quand c'est injuste, comme le procureur général de Toulouse, violeur avec Baudis des oies folles du Capitole !

En un mot, le procureur français, autorité de poursuite, farce institutionnelle, n'a plus aucune légitimité tant sa dépendance est anachronique dans une démocratie moderne. Seuls les « ronds de code » du ministère de la Justice feignent de ne pas le voir, même si la Cour européenne assène qu'on ne peut pas être magistrat et domestique d'un pouvoir ! Tout simplement, il faut un ministère public impartial et indépendant.

On avait beau dire que nos procureurs n'étaient ni impartiaux ni indépendants, la maladie française de l'irréalité, qui feint de ne jamais voir les évidences, reçut un traitement de cheval de la Cour de cassation, Purgon surprenant de la dernière heure. Le 17 décembre 2010, la chambre criminelle rendit un arrêt qui admit le manque d'indépendance et d'impartialité du procureur républicain. Ce fut le coup de tonnerre dans la cathédrale des hypocrisies. La haute juridiction était saisie d'un pourvoi évoquant la nullité de la garde à vue en raison du contrôle de la mesure et de sa prolongation au-delà de la 24e heure par un membre du parquet et non par un juge du siège. Selon la Cour européenne, le magistrat contrôleur doit offrir des garanties d'indépendance et d'impartialité ! La question soumise à la Cour de cassation était simple et définitive : le parquet présente-t-il ces garanties d'indépendance et d'impartialité ?

Prudemment, les magistrats du quai de l'Horloge ont répondu dans un attendu très attendu : le ministère public n'est pas une autorité judiciaire parce qu'il ne présente pas les garanties d'indépendance et d'impartialité requises et qu'il est partie poursuivante ! Comment les juges ont-ils pu, pendant des lustres, considérer qu'une partie soumise aux pouvoirs et qui poursuit était indépendante et impartiale ? C'est le secret de la casuistique judiciaire française, qui vit dans le mensonge institutionnel, jouant sur la réalité avec l'aplomb des mots archaïquement menteurs, qui transforment la garde à vue en lieu de droit, l'intime conviction en technique de recherche de la vérité, le procureur en garant des libertés, le juge d'instruction, juge et policier, en arbitre, l'irresponsabilité des magistrats en protectrice de l'indépendance, le président de la cour d'assises tout-puissant en chef d'orchestre de la neutralité répressive, une justice corporatiste en expression de la volonté du peuple, une présomption d'innocence toujours coupable, et ainsi de suite depuis toujours !

Que faire pour tuer ces mensonges ?

Les questions qui dérangent

« La présomption d'innocence, si l'on vous dit que c'est un grand principe, n'allez pas le croire ou pas trop vite[1] *»*, affirme Claude Lombois dans son étude sur la présomption d'innocence. Voilà qui est bien dit. Dans la tête des gens, y compris de justice, n'existe que la présomption paranoïaque de culpabilité. Dans la tête d'un quidam, ce n'est pas bien grave ; dans la tête d'un juge, c'est une saloperie, une forfaiture mentale.

La présomption d'innocence interdit de traiter un justiciable comme un coupable avant qu'il ait été jugé et condamné. Cette règle, dite sacrée, a été gravée dans le marbre de la Déclaration des droits de l'homme de 1789, en son article 9 : *« Tout homme étant présumé innocent jusqu'à ce qu'il ait été déclaré coupable, s'il est jugé indispensable de l'arrêter, toute rigueur qui ne serait pas nécessaire pour s'assurer de sa personne doit être sévèrement réprimée par la loi. »* Ce respect est également inscrit dans la Convention européenne et dans un article préliminaire du Code de procédure pénale. La France, donneuse de leçons, n'a ratifié la Convention que le 3 mai 1974, soit plus de vingt ans après l'Allemagne et le Royaume-Uni, et n'a reconnu le droit de recours

---

1. Claude Lombois, La présomption d'innocence, Pouvoirs, 1990, n° 55.

individuel que le 3 octobre 1981. La patrie des droits de l'homme n'était pas pressée. Et pourtant, que de progrès l'application de la Convention a fait faire au respect dû à la personne humaine… et que de fois la France a été rappelée à l'ordre pour ses manquements !

Notre drame, c'est qu'on a eu de grands poètes politiques. Depuis des siècles, ils chantent une réalité rêvée qu'on est loin de réaliser dans les faits. Mais on y croit comme s'il y avait une transsubstantiation des mots en la réalité. Nous sommes tous des Voltaire, des Hugo, des Zola. On oublie Calas, Dreyfus, et bien d'autres.

L'une de nos plus belles berceuses est, sans nul doute, la Déclaration. D'un coup de baguette, sur l'opéra du monde, a été jouée la publicité française pour les droits de l'homme. On entonne : « On est le Grand Pays des Droits. France, immense conscience planétaire ! » Mon œil ! Depuis 1789, on vit à crédit de mots, de slogans, de proclamations. Au mépris de Montaigne, qui disait : *« C'est une belle harmonie quand le dire et le faire vont ensemble. »* Un abîme, en vérité, multiséculaire, sépare les bonnes intentions des bonnes applications.

La Déclaration des droits de l'homme aurait pu changer le monde. Ses 17 articles, dont l'article 9, frappèrent comme un coup de tonnerre. Le fondateur du rationalisme moderne, Emmanuel Kant, en apprenant l'explosion de la Révolution en France, fut saisi d'une telle émotion qu'il modifia l'itinéraire de sa promenade quotidienne à Königsberg. Ses admirateurs comprirent alors qu'un événement gigantesque venait de se produire. Le philosophe le plus obsessionnel de toute l'histoire de la philosophie n'aurait pas modifié l'ordre métronomique de sa vie pour une billevesée. Le coup de canon de la Déclaration des droits de l'homme retentit dans le monde ; on planta des arbres de la liberté, on arbora des cocardes tricolores, on huma l'air des orgues révolutionnaires. Les intellectuels s'énamourèrent pour cet ordre nouveau : Goethe, Fichte, Schiller, Klopstock, et bien d'autres, y virent les prémisses d'une humanité nouvelle.

Et pourtant, il fallut attendre 1848 pour que Victor Schœlcher obtînt l'abolition de l'esclavage. Et, aujourd'hui encore, alors que Voltaire demandait déjà à ce qu'ils le soient, les juges ne sont toujours pas responsables, et les verdicts de cour d'assises toujours pas motivés, sauf réforme attendue. Quant à la présomption d'innocence, fleuron de la Déclaration des droits de l'homme, de 1789 à aujourd'hui, quel respect lui a-t-on réellement accordé ? Elle a toujours été méprisée. Elle l'est encore. On se paye de mots, et s'il n'y avait pas la Cour européenne des droits de l'homme, qui sanctionne régulièrement la France, on en serait encore aux anciennes pratiques du déguisement légal. On donne une apparence de légalité, notamment par le recours à l'interprétation de la loi, par le recours au juge, et on fait ce que l'on veut. C'est comme ça que la justice ordinaire, faute de garantie permettant d'assurer un procès équitable, donne l'image de l'injustice sous le formalisme de la justice.

« Quand l'innocence des citoyens n'est pas assurée, la liberté ne l'est pas non plus[1] *»*, disait Montesquieu, l'inventeur de la séparation des pouvoirs. Comme on le voit

---

1. Montesquieu, *De l'esprit des lois*, 1748.

à ces « détails historiques », il y a loin de la façade littéraire à la réalité.

Le principe de la présomption d'innocence existe donc
depuis 1789, époque épique où la populace promenait au
bout des piques les têtes décapitées des présumés innocents, condamnés à mort sans jugement. C'est cela, le
délire verbal français ! Dès son inscription dans les textes,
la présomption d'innocence fut bafouée, ridiculisée par
la réalité. Aujourd'hui, son sort réel n'est pas meilleur.
Elle a une valeur constitutionnelle, ce qui lui fait une
belle jambe de bois. Jusqu'en 1993, elle était absente de
nos codes ; pas une ligne ne lui était consacrée, pas un
mot, même pas une allusion pudique ! Ce silence en dit
long sur l'inefficacité du principe dans la réalité. Mais
l'an 2000 allait sonner à la porte du temps, apportant la
bonne nouvelle de 1789 dans un article préliminaire du
Code de procédure pénale : « *Toute personne suspectée
ou poursuivie est présumée innocente tant que sa culpabilité n'a pas été établie.* » Enfin, c'est dit, et c'est même
répété d'une drôle de façon dans le serment que les jurés
des cours d'assises prêtent, « *debout et découverts* », à la
demande du président, qui, lui, ne jure pas de respecter
la présomption d'innocence. Il demande à chaque juré
de « *se rappeler* » que l'accusé est présumé innocent et
que le doute doit lui profiter. Se rappeler ? Le juré prête
serment de se souvenir, des fois que la mémoire flanche-
rait, que l'accusé est présumé innocent ; inouï, ce devoir
de mémoire minimale qui n'engage que le phosphore
cérébral et qui relègue la présomption sur les étagères
des souvenirs lointains. Un lapsus ? Les textes de loi

en sont pleins, comme l'inconscient des vieux pervers jamais pris, et qui se branlent sous l'imperméable des honneurs apparents. Un lapsus qui assigne sa vraie place à la présomption, celle d'un bibelot, d'un ornement, d'un joujou judiciaire.

Concrètement, ça veut dire quoi, la présomption d'innocence ? À dire vrai, il est difficile de répondre sans tomber dans le trou commun des slogans juridiques. Le premier qui claque au vent des apparences : l'accusé n'a pas à prouver son innocence, c'est aux accusateurs de démontrer sa culpabilité ; s'ils échouent, le doute doit alors profiter. L'idée qui fonde ce principe, dit « du fardeau de la preuve », repose sur le constat évident qu'en supposant l'autre coupable, il n'est pas utile de rechercher des preuves. Le respect de la présomption d'innocence, c'est, d'abord et avant tout, un état d'esprit, une manière de voir l'autre, sur qui pèse le poids d'un soupçon. C'est toute une culture qui part en guerre contre le péché originel, la tare paranoïaque, le petit plaisir d'imaginer l'autre pire que soi. Le respect de la présomption d'innocence exige un certain degré d'évolution psychique, un effort vers le haut, difficile d'accès quotidien, pour le commun des mortels. Il suffit, pour s'en convaincre, de voir la jouissance que nous avons tous à « déguster » du mal les uns des autres, à nous faire de la chirurgie esthétique de l'âme sur la peau de nos semblables, nos frères, en médisance. On dit tous du mal de tout le monde ; on prend un plaisir d'impuissant à écouter les humoristes salariés déblatérer haineusement sur les uns et les autres : aucune présomption d'innocence dans la vie de tous les jours. Le flic, le juge, le journaliste, qui croit penser juste en pensant bassement, qui voit du coupable partout, est un univers totalitaire à lui tout seul, duquel il jette sur l'autre, comme un filet, son fiel de suspicion certaine. J'ai rencontré, chez nombre de policiers et de magistrats, cette propension perverse puisée, peut-être, dans le désabusement de l'activité professionnelle, dans les failles narcissiques de l'inconscient, dans la haine de soi-même, à voir le coupable partout, à exprimer dans la rigidité la vanité du fonctionnaire qui croit détenir la vérité ; c'est la « méchanceté du rachitique ».

L'environnement institutionnel, la tradition, les habitudes, les instruments juridiques mis dans la main des policiers et des juges, l'absence de sanction personnelle, viennent conforter les mentalités dans le grand mépris de la présomption. Il arrive même, quand la défense s'y réfère, que l'évocation du concept suscite l'irritation des juges. Tout notre système est structurellement antinomique à la présomption d'innocence : la garde à vue, les interrogatoires dirigés, l'obligation de parler, la recherche des aveux, les liens de conviction et de communication entre les enquêteurs et le juge, la détention provisoire, le doute qui ne profite presque jamais, l'absence de motivation des verdicts, la toute-puissance du président, et enfin le corporatisme répressif ! Il faut être franc, la procédure française repose sur une présomption de culpabilité, vieille chose bien vivace encore, malgré les semonces de la Cour européenne des droits de l'homme. Des exemples ? En voici. Je reparlerai longuement de la garde à vue, mais je ne peux m'empêcher de souligner combien elle s'oppose viscéralement au respect de la présomption d'innocence. Les conditions arbitraires qui la déclenchent, la manière dont l'avocat intervient constituent un leurre, une honte démocratique, le bafouage de la présomption d'innocence. Une des conséquences pratiques de son respect tient, pour le suspect, dans le droit de garder le silence, droit reconnu depuis 1993 par la Cour européenne des droits de l'homme, mais qui se heurte jusqu'alors en France à une résistance rétrograde.

Qu'on n'aille pas dire que c'est encore sous l'influence des séries télévisées américaines que ce droit tente d'entrer dans nos mœurs judiciaires récalcitrantes ; déjà, il y a bien longtemps, avant la télévision, Faustin Hélie, dans son *Traité de l'instruction criminelle*[1], considérait qu'un inculpé pouvait ne pas répondre aux questions. Mais en France les choses arrivent lentement. Il aura fallu attendre la loi du 4 janvier 1993 pour que le policier soit obligé d'informer la personne gardée à vue qu'elle pouvait garder le silence. Cette disposition humiliait le policier de service qui souffrait du silence possible comme d'un outrage narguant sa dignité d'interrogateur. Elle aura donc une courte vie. Ce qui montre le peu de cas réel qu'on fait des droits de l'homme dans le pays de leur naissance. La disposition silencieuse fut prise d'assaut. Faut dire qu'en fait de silence, rarement une obligation légale n'avait soulevé un tel tollé syndical, un tel cliquetis de menottes mécontentes. C'était inconcevable qu'un policier doive dire à un suspect : « *Vous pouvez*

---

1. Faustin Hélie, *Traité de l'instruction criminelle*, *op. cit.*

vous taire », le monde à l'envers, les valeurs sens dessus dessous. On passait d'un monde à l'autre, du : « *Si tu ne parles pas, je te mets un gnon* » au : « *Vous avez le droit de vous taire.* » On marchait sur le képi. On avalait son sifflet. Vous imaginez les commissariats transformés en aquarium dédié au monde du silence, plus de commissaire Navarro, que des commandants Cousteau, l'horreur ! Alors le législateur se mit au travail pour réduire au silence le droit au silence.

Le 4 mars 2002, la loi supprima l'énoncé même de ce droit, qu'elle remplaça par une formule faiblarde : « *La personne a le choix de faire des déclarations, de répondre aux questions qui lui seront posées ou de se taire.* » C'était encore trop ! Finalement les forces de l'ordre firent la peau, le 18 mars 2003, à l'article 63-1, en obtenant que soit supprimée la mention relative au droit de ne pas répondre. On comprend mieux, dès lors, pourquoi l'ancien magistrat Casamayor comparait la présomption d'innocence à une escroquerie ! Parole d'orfèvre en quai des Orfèvres[1].

Pourquoi cette terreur du silence dans la bouche du suspect silencieux ? Mais parce que la justice, l'approche de la justice, de la vérité, passe par la parole, du policier, du juge, et, en miroir, du suspect, de l'accusé. Rien de plus facile que de jouer avec la parole, de lui tendre des pièges, de l'interpréter, de lui faire dire ce qu'elle ne dit pas, de l'affoler, de la dominer. Un homme, de toute la finesse humaine de sa culture, a su le dire humainement.

---

1. La loi d'avril 2012 a rétabli le droit au silence.

Roland Barthes, à propos du procès de Gaston Dominici, le vieux paysan du patois soumis par la supériorité savante de ses juges, a vu à quel point le langage de l'autre, quand il n'est pas respecté, écouté dans sa vérité, réinséré dans l'authenticité de sa vie, devient un instrument de torture, de fabrication judiciaire d'un coupable taillé à coup de mots, de phrases, parfois d'ironie. Il est terrifiant, ce jeu du chat et de la souris à la pelote des mots.

« Nous sommes tous Dominici en puissance, non meurtriers, mais accusés privés de langage [...], condamnés sous celui de nos accusateurs. Voler son langage à un homme au nom même du langage, tous les meurtres légaux commencent par là[1]. » On vérifie, dans les prétoires, tous les jours, le constat de Roland Barthes ; des juges la bouche pleine de leur rôle, à cheval sur leur langage comme s'ils visitaient une hacienda, sourds à l'authenticité du parler intimidé de l'autre, s'acharnent à conduire l'interrogatoire du seul point de vue du sens, du son, des mots de leur voix. Inconcevable, peut-être, mais vrai, le respect de la présomption d'innocence passe par la considération de la parole et du silence. On en est loin, très loin, allez voir, si vous ne me croyez pas. C'est la raison pour laquelle le pire ennemi de la présomption d'innocence, c'est le policier ou le juge con, névrosé, complexé, infatué de lui-même, s'écoutant parler en écoutant parler sa sûre conscience, sa science, sa vanité. Avant Barthes, Voltaire l'avait compris : dans l'affaire Calas, pour désigner l'ignoble Beaudrigue, il décrivait

---

1. Roland Barthes, *Mythologies*, Seuil, 1970.

un « *juge épris de lui-même* ». Qui décrit mieux ? Des épris d'eux-mêmes, enfermés dans la forteresse de leur fatuité, on en rencontre tous les jours que le calendrier des saints abrutis fait. Il faut donc une protection efficace de la parole contre les emprises et les procédés visant à la dénaturer. Le justiciable devrait être averti de son droit de ne pas répondre et l'observation du silence ne devrait pas agir contre lui. L'avenir va le lui accorder. Or, dans notre système d'extraction de la parole, le silence est interprété à charge, parce que l'interrogatoire reste encore, pas pour bien longtemps, au centre de notre doctrine de la preuve enracinée dans l'aveu. C'est tellement vrai qu'un article du Code de procédure pénale existe, qui claironne au juge, que « *l'aveu est laissé à la libre appréciation des juges* », des fois qu'ils auraient encore la tentation d'en faire la reine des preuves, comme au temps béni de l'Inquisition. Toutes les réformes que l'on prépare me font doucement rigoler, elles ne tiennent aucun compte de la psychopathologie du mauvais juge, qui se croira toujours très bon, en traquant sous sa loupe lunatique ce qu'il exige d'entendre !

Tant que notre système ne sera pas entièrement repensé autour de l'idée que la machine ne saisit pas que des coupables, l'innocence n'aura pas droit de cité dans notre procédure et l'innocent, le faible, l'humble, le monsieur Tout-le-monde de la petite histoire, continueront à être broyés par des armes forgées pour arracher de la culpabilité supposée, présumée même.

Bien sûr, le respect de la présomption d'innocence passe par les textes de loi qui doivent la protéger, notamment le faiblard article 9-1 du Code civil, mais il passe surtout par une évolution psychologique, un état d'esprit duquel on est loin, comme de la première main de l'homme dans une grotte préhistorique au premier pas du même sur la lune. On en est encore, en ce qui concerne notre regard sur l'autre, à l'ère antédiluvienne.

Pourquoi exiger du juge et du flic ce que nous ne sommes pas capables de faire ; nous qui voyons l'autre toujours coupable en raison même de nos secrets sordides enfouis sous les apparences des titres, des robes, des décorations, des uniformes, de l'idée adaptée que l'on se fait de soi-même. Il existe un lien entre l'hypocrisie et l'opinion de culpabilité. Moins on est hypocrite, plus on respecte l'innocence supposée de l'autre. J'imagine ce que cachent sous la toque ou le képi les cerbères qu'on rencontre quelquefois et qui suintent d'eux-mêmes sur autrui une culpabilité oppressante. Les supposés humoristes d'aujourd'hui, dont tout l'humour est fondé sur le mal qu'on peut rire de l'autre, le ressentiment, démontrent la puissance créatrice et destructrice de cette présomption de culpabilité. D'où l'impérieuse nécessité de soumettre tout futur juge à un examen psychologique approfondi, non pas du style d'aujourd'hui, mais sérieux, voire douloureux, tenant dans une obligation d'aller au fond de soi-même chercher les raisons et les déraisons de ce choix de vie, juger et punir ses semblables pendant des années.

En cas d'atteinte à votre présomption d'innocence, de quelles armes disposez-vous pour la défendre ?

De l'action en dénonciation calomnieuse. Mais prenez patience ! Elle ne sera jugée qu'une fois la démonstration de votre innocence faite et à condition que l'accusation infondée revête un caractère… téméraire et spontané. Un homme injustement accusé par une folle de l'avoir violée, et dont l'innocence, après quatre mois de prison, a été absolument reconnue, a vu son accusatrice condamnée à lui verser 1 500 euros, qu'elle n'a toujours pas payés !

De l'action en diffamation. Prenez une immense dose de patience, au bout d'un an, l'affaire sera jugée, et si vous passez à travers les mailles du filet procédural, tissé par des magistrats qui confondent jeu de quilles juridiques et réparation des atteintes à l'honneur, vous aurez, dans l'indifférence générale, gain de cause.

De l'action prévue par l'article 9-1 du Code civil. Ce texte permet d'agir en référé pour faire cesser toute atteinte à la présomption d'innocence d'une personne faisant l'objet d'une enquête ou d'une instruction judiciaire. Mais dans l'actuel conflit entre les droits de la personne et les droits de la presse qui, elle, vit, s'engraisse de plus en plus de chair judiciaire, le match n'est pas égal, la presse l'emporte souvent ; selon où souffle le vent, la victoire s'envole. Quand on connaît l'effet dévastateur pour la réputation de l'annonce d'une mise en examen, on mesure le peu d'importance accordée à la présomption d'innocence de celui que la presse, qui écrase tout sur son passage pour publier, appelle maintenant « le présumé coupable ! » C'est dire l'inversion. On est passé du statut de présumé innocent à celui de présumé coupable ! Quel progrès. Choses vues, *anekdota*, au sens d'une recherche dans l'infiniment petit de la causalité sordide d'une fin de civilisation des mots.

Lecture d'un journal, peu importe lequel, au sujet du placement en garde à vue d'une préfète arrêtée pour vol, mais pas encore jugée, bien sûr ! En titre, gros caractères : « *L'ex-préfète arrêtée pour vol.* » En pleine page, la photo en uniforme de la préfète au temps de sa splendeur sous les feuilles de chêne. Un article accablant, un réquisitoire au vitriol vengeur qui se termine par cette phrase : « *Hier soir le procureur de Mende a décidé de prolonger la garde à vue de la fonctionnaire, qui devait passer la nuit dans une cellule du commissariat de Reims.* » Sous la signature du journaliste qui, à défaut d'avoir le sens de la présomption d'innocence, a celui de l'humour, on peut lire : « *Toute personne reste présumée innocente tant que la justice n'a pas été définitivement rendue.* » On ressuscite les morts dans ce journal. On se moque des mots. C'est toujours la même chose, l'état d'esprit, les mentalités vieillottes de la vieille répression pénitentielle. On la voit à l'œuvre dans des détails.

On s'est dit, dans les hauts lieux où l'on fabrique les lois, qu'il fallait renforcer la protection de la présomption d'innocence dans le rapport qu'elle a avec la dignité humaine qui, de plus en plus souvent, est mise en boîte pour être bradée à l'étal médiatique ; d'où la nécessité de protéger l'image du suspect et de la victime. On oublie tout sous l'effet des rouleaux continus de l'information qui brassent la mémoire, mais on se souvient, peut-être, de la photo diffusée du « guide des Orres », exhibé menotté. Image ignoble, qui ne faisait honneur ni à l'intelligence ni à l'humanité de la gendarmerie. Et pourtant, l'article 803 du Code de procédure pénale dispose que le port des menottes doit être réservé aux personnes considérées comme dangereuses pour autrui ou pour elles-mêmes, ou susceptibles de tenter de prendre la fuite. Et pourtant, une circulaire du 1er mars 1993, qui doit peu circuler, dispose que toutes les mesures utiles doivent être prises pour empêcher qu'une personne escortée ou entravée ne fasse l'objet de photographies ou d'un enregistrement cinématographique ou audiovisuel. On vote des lois, on rédige des circulaires et… tout le monde s'en fout ! En effet, comment réprimer l'usage abusif des menottes par les forces de l'ordre, en dehors des situations où l'absence de danger est évidente ? Là encore, c'est une affaire d'état d'esprit démocratique chez les policiers, les journalistes et les juges. Or, chacun, probablement plein de vertueuses intentions, n'obéit qu'à l'économie de son métier, qu'à la justification du but professionnel ; obtenir des aveux, obtenir des informations, obtenir une condamnation. À l'aune de ces impératifs, la présomption d'innocence pèse peu.

La réalité, c'est que la présomption d'innocence est un droit subjectif. Son respect ne peut s'imposer par la seule existence de textes de loi. Il suppose une vigilance démocratique de tous les instants et de tous les citoyens, la conscience du lien étroit qui existe entre le respect de la présomption et la défense des libertés. Tout manquement au respect de la première entraînant, de fait, souterrainement des violations de nos libertés. Le danger réside dans l'exercice des petits pouvoirs confiés finalement à de petites gens, toujours tentées d'en abuser, et qui, peut-être, se réfugient dans ces métiers pour cette seule raison maladive. D'où la nécessité d'encadrer les repaires institutionnels dans lesquels les murènes peuvent se loger. Des repaires, il en existe. La garde à vue, la mise en examen, la méthode d'interrogatoire, le plaider-coupable, l'absence de motivation des arrêts des cours d'assises, le rôle prépondérant du président dans le délibéré, le statut subalterne de l'avocat toujours perçu comme un empêcheur de vérité, l'absence de contre-enquête, la détention provisoire prurit judiciaire, l'ordonnance de renvoi, l'absence de toute responsabilité des régents de justice – juge, policier, procureur –, l'absence de contrôle efficace dans le travail d'enquête préliminaire qui agit souvent par sélection arbitraire des indices.

Le grand préhistorien André Leroi-Gourhan rappelait, et son propos a la sagesse du recul, *« cette faculté déconcertante qu'ont les faits de se ranger dans le bon ordre pour peu qu'on les éclaire d'un seul côté à la fois »*. Le mécanisme adopté entraînera les enquêteurs sur un chemin tout tracé, strictement délimité et au long duquel ils aligneront des indices, qui, éclairés toujours du même côté, apparaîtront finalement d'une concordance tout à fait naturelle. En procédant de la sorte, on ne laissera aucune chance aux accusés, en faisant d'eux les seuls coupables possibles.

Voici un exemple effrayant, l'affaire Kaas, ou « faites entrer l'innocent à la sale gueule ». C'était un jour comme les autres, ce 5 avril 1992, en apparence seulement ; ce jour-là, la vie tendait un piège à un homme qui riait, bouffait, baisait, un rien nouveau riche fier de l'être. Dans sa luxueuse demeure près de Rouen, ce jour d'avril, sa femme Sylviane est assassinée. Elle est retrouvée gisant sur le sol, le fil du téléphone autour du cou et une carabine posée sur le corps. Elle a été abattue, de l'exécution rapide. Pendant ce temps André Kaas et ses 4 enfants regardaient un film dans un cinéma de la ville. En rentrant, ils découvrent l'horreur. L'enquête piétine pendant un an. Soudain, sur des charges insensées, un policier perspicace se convainc de la culpabilité du mari qui croupira trois ans en prison avant d'être innocenté ! Évidemment, le policier avait l'oreille du juge, comme à la corrida. Le magistrat se persuada à son tour que l'entrepreneur, haut en couleur, grande gueule et amateur de partouzes, avait tué sa femme pour des questions financières. Depuis le début on fonctionne sur le principe de la présomption de culpabilité, en ce sens que l'homme à la vie débauchée déplaît, choque, et excite de ce fait « l'envie du pénal » du juge et du policier, qui abreuvent leur préjugé par le fait qu'un mois après le drame le suspect exhibe sa vie de libertin, s'installant avec sa maîtresse. La présomption de culpabilité, qui est une vraie contagion, suscite le faux témoignage d'un trafiquant de drogue. Enfin, on se rend compte que le mobile, à savoir l'intérêt financier, n'existe pas. Toute la condamnation de cet homme, car faire de la prison, même si un jour tardif on est reconnu innocent, est une condamnation, repose sur la négation de la présomption d'innocence.

L'existence de la componction d'innocence a des effets théoriques, qui seraient une bien belle chose s'ils entraient en application. Le premier effet de manche, c'est que la preuve de l'élément matériel, légal et moral, de l'infraction incombe à l'accusation. Dans cette affaire, à aucun moment l'accusation n'a prouvé la culpabilité.

Quelle belle jambe enchaînée peut alors faire la publication prévue par la loi de l'ordonnance ou de l'arrêt de non-lieu. Sur demande de la personne concernée le juge d'instruction ou la chambre de l'instruction peut ordonner soit la publication intégrale ou partielle de la décision, soit l'insertion d'un communiqué informant le public des motifs ou du dispositif dans un ou plusieurs journaux. Le juge peut même l'ordonner d'office ou à la demande du ministère public, avec l'accord de l'intéressé.

Toute personne, nommée ou désignée dans la presse, à l'occasion de poursuites pénales, peut exercer l'action en insertion forcée dans un délai de trois mois à compter de la décision définitive de non-lieu. Vu la durée mathusalémienne des procédures, cette procédure a l'effet d'une intervention chirurgicale sur un mort. Elle ne sert à rien, sinon à réveiller de mauvais souvenirs.

Pour protéger la présomption d'innocence, on a décidé d'incriminer, lorsqu'elle est réalisée sans l'accord de l'intéressé, la diffusion de son image, avec des menottes ou entraves, ou au moment où il est placé en détention. L'absence d'images n'empêchant pas l'absence de commentaires, on dit ce que l'on ne montre pas !

Enfin, et pour peu d'effet pratique, la loi décrète que lorsqu'une personne est, avant toute condamnation, présentée comme coupable de fait, faisant l'objet d'une enquête ou d'une instruction, le juge peut, même en référé, prescrire toutes mesures aux fins de faire cesser l'atteinte à la présomption d'innocence. Jusqu'en mars 2001 existait un article de loi très efficace pour protéger la présomption d'innocence, il interdisait de faire état des constitutions de partie civile ; il empêchait le commerce médiatique des plaintes vindicatives, destinées à faire du tort à la réputation. La Cour de cassation a estimé que cette loi du 2 juillet 1930 était contraire à l'article 10 de la Convention européenne. La loi a été abrogée par celle du 9 mars 2004 !

Comme quoi, atteinte à la présomption d'innocence et commerce des sycophantes modernes ont de belles années de belligérance devant eux avec la bénédiction de la Cour de cassation.

Le danger de l'intime conviction

L'article 427 du Code de procédure pénale applicable dans les affaires correctionnelles dispose qu'« *hors les cas où la loi en dispose autrement, les infractions peuvent être établies par tout mode de preuve et le juge décide d'après son intime conviction* ».

L'article 353 alinéa 2, applicable en cour d'assises, dispose que « *la loi ne demande pas compte aux juges des moyens par lesquels ils se sont convaincus. Elle ne leur prescrit pas de règles desquelles ils doivent faire particulièrement dépendre la plénitude et la suffisance d'une preuve ; elle leur prescrit de s'interroger eux-mêmes dans le silence et le recueillement et de chercher, dans la sincérité de leur conscience, quelle impression ont faite, sur leur raison, les preuves rapportées contre l'accusé, et les moyens de sa défense. La loi ne leur fait que cette seule question, qui renferme toute la mesure de leur devoir : "Avez-vous une intime conviction ?"* »

Le dogme de l'intime conviction s'applique à tous les juges, d'un jour ou de tous les jours, avec une différence de taille ; la cour d'assises, elle seule, ne motive pas ses verdicts. Ce silence, aujourd'hui, est inacceptable, on ne peut pas condamner un accusé sans lui dire pourquoi, ni l'acquitter sans dire pourquoi aux victimes. Pourtant, le Conseil constitutionnel considère que l'absence de motivation des verdicts des cours d'assises ne porte pas atteinte aux droits de la défense !

L'exigence de motivation pose un problème. Qui rédigera ? Forcément, le juge. Les jurés perdront un peu plus de leur autorité, les magistrats en gagneront, ce qui n'est pas bon pour l'expression populaire de la justice. On peut trouver une forme de motivation simplifiée dans les questions posées à la cour et aux jurés. Elles devront porter sur la commission des faits, sur l'impact des preuves, sur le doute, sur le dossier, en un mot sur les éléments de l'infraction. C'est la moindre des choses ! Ces condamnations ou ces acquittements muets sont insupportables à l'intelligence.

Parlons du rôle du président en cour d'assises et des citoyens juges. Avant le honni gouvernement du maréchal Pétain les jurés délibéraient seuls. Pour des raisons évidentes de soumission au pouvoir les magistrats entrèrent dans le délibéré sur la culpabilité, neutralisant le jury populaire, par une loi du 25 novembre 1941. Bien que décrié, à juste titre, comme un régime politique attentatoire aux libertés, la République de retour conserva ce vestige vichyste, sans état d'âme, comme elle dorlota le Conseil de l'ordre des médecins. Cette mise sous tutelle du jury est l'expression d'une méfiance à l'égard du peuple, qui n'est fréquentable que tenu en laisse. Confier au peuple qui vote le soin de juger ferait sombrer la démocratie dans l'ochlocratie, où gouvernement de la populace, selon les démocrates qui détestent le peuple. Contrairement à ce qu'affirment les méfiants du peuple qu'ils prétendent représenter en tout, la justice populaire n'est nullement une justice expéditive. Jusqu'à la loi de 1832, qui leur accorda la possibilité de constater l'existence des circonstances atténuantes, les jurys multiplièrent les acquittements, estimant que les peines étaient trop lourdes. À partir de 1832, les jurés n'hésitèrent pas à « *user largement des circonstances atténuantes pour réduire la fréquence des condamnations à mort ou à la perpétuité. Si les peines perpétuelles reculent régulièrement, alors que le Code pénal reste inchangé jusqu'en 1863 et alors même que la délinquance augmente, c'est bien parce que les jurés ont fait un usage de plus en plus circonspect des lourdes peines*[1] », remarque Jean-Marie Carbasse. Il souligne, par ailleurs, leur sérieux. Les jurés, écrit-il, « *loin de se fier à de vagues impressions, ont besoin de certitudes* », « *ils savent ne pas confondre intime conviction et entraînement émotionnel*[2] ».

La loi de 1941 marque l'aboutissement d'une longue campagne menée par la magistrature pour discréditer les jurés, taxés de légèreté et de laxisme. Après l'adoption de cette loi, les taux d'acquittements chutèrent, passant de 25 à 8 %, puis à 4-5 % ; pourcentages équivalent à celui des relaxes en correctionnelle.

Ainsi, la magistrature, en faisant irruption dans le délibéré des cours d'assises, parvint-elle à imposer son approche de la vérité judiciaire : si un individu était renvoyé devant

---

1. Jean-Marie Carbasse, *Histoire du droit pénal et de la justice criminelle*, PUF, 2000.
2. *Idem.*

la justice par des magistrats pour y répondre d'un crime, c'est qu'inévitablement il était coupable !

Le jury, c'est l'institution démocratique par excellence. Son existence est ancienne, Montesquieu a été le premier en France a en avoir vanté les mérites. Il a d'abord posé le principe de l'indispensable séparation des pouvoirs – l'homme ou le corps disposant à la fois des trois pouvoirs ne peut être qu'un despote ! Aussi, convient-il de confier chacun d'eux à des hommes ou à des corps différents. Le principe de la séparation des pouvoirs sous-tend toutes les constitutions occidentales. Ensuite, il réclamait la remise du pouvoir judiciaire entre les mains du jury populaire : *« La puissance de juger ne doit pas être donnée à un sénat permanent, mais exercée par des personnes tirées du corps du peuple dans certains temps de l'année, de la manière prescrite par la loi, pour former un tribunal qui ne dure qu'autant que la nécessité le requiert. De cette façon la puissance de juger, si terrible parmi les hommes, n'étant attachée ni à un certain état ni à une certaine profession devient, pour ainsi dire, invisible et nulle. On n'a point continuellement des juges devant les yeux ; et l'on craint la magistrature et non pas les magistrats*[1]. »

Tocqueville partageait la même opinion. Le jury règne aux États-Unis, au Canada, en Irlande, en Angleterre. Pourquoi pas en France ?

Tous les professionnels le savent, on ne gagne pas un procès contre l'opinion du président et des assesseurs de la

---

1. Montesquieu, *De l'esprit des lois, op. cit.*

cour d'assises ! Le président est le seul, avec les avocats et l'avocat général, à connaître le dossier. Il questionne, organise les débats, oriente. Il est le chef d'orchestre du drame pénal, distribue la parole, la retire, sermonne, morigène, en un mot, maître des mots, il est le tout-puissant sachant. Cet avantage lui confère une autorité dominante. Il faut oser proclamer que le jury indépendant constitue un des piliers de la démocratie, au même titre que le suffrage universel dont il émane, puisque ses membres sont tirés au sort sur une liste électorale, et donner, comme aux États-Unis, une portée constitutionnelle à son existence.

Une fois les débats terminés, le président qui aura présidé se retirera, sans participer aux débats ! Les assesseurs, eux, qui n'auront pas dirigé, pourront participer au délibéré, se trouvant à égalité de traitement avec les jurés. Il n'est pas d'autres moyens de restituer au jury son indépendance.

Quant au jury d'accusation, aux jurys civils et correctionnels, leur éventuelle création suscite des objections anciennes, mais qui ne tiennent pas devant l'expérience des nations occidentales qui accordent depuis longtemps leur confiance aux jurés populaires. Et voilà qu'à la faveur d'une campagne présidentielle prématurée, la vieille idée du jury populaire refait surface sur la planche à voile électorale du ministre de l'Intérieur avec l'idée que le peuple serait plus sévère que les juges. C'est le monde des opinions à l'envers ! Jusqu'alors on se méfiait de la clémence du boulanger, et voilà que maintenant on croit à l'inexorabilité des concierges ! Exaspéré par les réponses apportées par certains magistrats à des faits divers, le ministre de l'Intérieur réclame que le peuple soit directement associé aux décisions de justice. Ce chrysanthème idéologique a fleuri sur le cercueil de Natacha Mougel, une jeune femme violée et assassinée par un récidiviste, sorti de prison après n'avoir exécuté que la moitié de sa peine. Le sentiment que les juges remettent en liberté des criminels dangereux suscite l'idée sécuritaire que le bon peuple fouettard doit y mettre bon ordre ! Le ministre des pompes funèbres découvre que « *la justice est rendue au nom du peuple français* », que « *le décalage entre la souffrance des victimes et la réponse pénale apportée par une minorité de magistrats est extrêmement choquant* », qu'il n'est plus possible que des juges puissent « *toujours se substituer à l'expression directe de la volonté populaire* ». Quel dommage, qu'on racole le peuple comme une cohorte de vengeurs. Il mérite mieux ! Depuis le gouvernement du Maréchal et avec une constante coupable, les pouvoirs ont chassé le peuple des prétoires où il devait occuper la première place, non pas comme assoiffé de corrida judiciaire, mais comme légitime détenteur de la décision de justice. Les institutions, du Parlement au tribunal, n'expriment plus la voix du peuple ; on parle pour lui un langage qui n'est pas le sien, un langage technocratique, un langage de caste. On a une démocratie muette, confiée à des mimes qui singent, selon le répertoire de leur classe, la voix populaire[1].

____

1. La France se prépare cependant à l'introduction de citoyens jurés devant certaines juridictions.

Vers l'élection des juges ?

Faudra-t-il en venir un jour à l'élection des juges ?

L'idée d'élire les juges a été relancée ces dernières années par Paul Lombard, un prudent de la plume, qui y a consacré un article dans les colonnes du *Figaro*. Dans un sondage de 1997, 14 % des Français y étaient favorables. C'est peu, mais pas mal, pour une… idée neuve qui exaspère les magistrats et leurs syndicats, toutes tendances confondues. À les en croire, l'élection mettrait en cause la compétence, l'indépendance, l'impartialité. Que penser de cette trinité dont l'apostasie est le juge ? Les magistrats d'aujourd'hui présentent-ils vraiment toutes les garanties de compétence, d'indépendance, d'impartialité, d'apolitisme, de bon sens ?

Faisant, pour une fois, cause commune avec les juges, la classe politique rejette l'idée d'une élection des juges. Une exception notable est à signaler en la personne oubliée d'Olivier Guichard, ancien garde des Sceaux qui, dans sa contribution écrite au rapport de la commission Truche, se déclarait mollement favorable à l'élection des procureurs : « *Je ne vois,* chuchotait-t-il, *pas d'autre substitut convenable à cette localisation de la responsabilité de l'action publique que l'élection au suffrage universel direct de personnages, pas forcement magistrats, qui seraient responsables de l'action publique, par exemple, dans le ressort de chaque cour d'appel. Cette formule aurait certainement pour conséquence d'animer un vrai débat sur la justice et d'en rendre les citoyens arbitres, mais un tel démembrement de notre système judiciaire, même limité au ministère public, est-il envisageable ?* » On sent Olivier Guichard épouvanté par son audace !

Confier aux citoyens le soin d'élire des procureurs ce serait franchir un pas décisif vers la démocratisation de l'appareil judiciaire. Pour beaucoup, ce serait un pas de trop. Les magistrats ne souhaitent pas que leur sacrement soit suspendu à un vote populaire. Et pourtant, aujourd'hui, d'où tiennent-ils leur légitimité ? D'un diplôme, d'une école, d'un costume, d'un quant-à-soi ?

Quel est le meilleur système, accusatoire ou inquisitoire ? Dans le système accusatoire, le plus ancien, on confie le rôle principal aux parties. Elles lancent la procédure, elles recherchent les preuves, les soumettent aux juges, témoins neutres et impassibles. Les preuves sont discutées à l'audience. Dans le second système, le juge se retrouve au premier plan : il peut se saisir d'office ou être saisi par un tiers ; il recherche les preuves qui doivent être réunies avant l'audience par écrit et en secret, et rend une décision sur la base de son intime conviction.

Les avocats sont favorables au système accusatoire. Les juges et les policiers sont favorables au système inquisitoire. Dans cette querelle, la seule question qui vaille est : quel est le meilleur système pour rechercher la vérité ?

La solution accusatoire semble plus démocratique. Est-il certain que jury populaire et procédure orale soient des garanties parfaites ? Rien n'est parfait en ce bas monde, on le sait, mais cette procédure a un avantage sur l'autre, elle permet une défense publique qui soumet le dossier à la contradiction et elle ne mélange pas les genres : le juge a un rôle passif, il reste neutre, retrouvant sa fonction fondamentale de « tiers désintéressé ». C'en est fini du risque du bal des ego et des juges jouissant de juger ! Rien n'est plus préjudiciable à l'idée de justice que l'enflure de certains juges *« épris d'eux-mêmes »* qui offrent le spectacle d'une mascarade du moi ! C'est une pathologie narcissique de notre système qui donne, trop souvent, un théâtre à des petits qui se veulent grands, qui soignent leurs infirmités psychologiques dans l'exercice *« de la puissance de juger, si terrible parmi les hommes »*. Si vous ne me croyez pas, allez voir dans les tribunaux, vous y verrez un spectacle, une comédie freudienne effrayante, le ton sur lequel certains juges parlent, hautain, méprisant, dominateur ; un ton à valeur absolue d'expertise psychiatrique. La parole fermée, cadenassée dans les certitudes du juge qui ne laissent, souvent, aucun strapontin au doute. L'énervement devant l'argument qui vient contredire. L'indifférence à l'avocat qui plaide dans le vide du « cause toujours tu m'intéresses ». Le *« taisez-vous »*, *« vous n'avez pas la parole »*. Le retard à l'audience sans un mot d'excuse. La date de renvoi choisie le seul jour où le conseil est indisponible. Tout cela porte un nom, la *« libido dominandi »*, le plaisir de dominer ! Hélas, elle est à l'œuvre, chez certains, dans l'œuvre de justice. La psychanalyse s'est intéressée à la fonction de juger, terrible chose qui suppose « *la mise en œuvre de pulsions de cruauté ou de pulsions sadiques* ». Selon le psychanalyste et élève de Lacan, Jean-Pierre Winter, cette pulsion se dévoile « *dans l'interrogatoire du juge d'instruction, héritier lointain de l'Inquisition, mais aussi dans le simple jugement qui nécessairement implique le malheur d'un justiciable sur deux* ».

Seraient-ce des élucubrations analytiques ? Je crains fort que ce soit la réalité de l'inconscient des hommes qui, depuis toujours, voit celui qui veut faire l'ange faire la bête. Le seul système qui puisse protéger des délires, peut-être rares, mais suffisants pour inquiéter, des infirmes de l'autorité vacharde, c'est le mécanisme accusatoire. Il remet le juge à sa place de tiers désintéressé.

Un autre système permettrait un contrôle des ego : c'est l'échevinage, c'est-à-dire la présence dans les juridictions de juges non professionnels. Ils auraient le même statut d'importance que les juges professionnels. Dans *La Machine judiciaire*, ouvrage publié en 1968, cette solution est définie comme « *le seul procédé efficace pour combattre les tentations technocratiques de l'appareil judiciaire*[1] ». Comme on le voit, l'idée n'est pas neuve, seule son application le serait…

Depuis 1968, date inoubliable pour les meilleures et les pires raisons, on a laissé l'idée dans le placard à poussière des choses impossibles. Pourtant, aujourd'hui, un certain échevinage existe, l'air de rien, mais un échevinage domestiqué. La loi du 26 janvier 2005 a créé les

---

1. Charles Laroche-Flavin, *La Machine judiciaire*, Seuil, 1968.

juges de proximité. Ils peuvent être assesseurs dans les tribunaux correctionnels, à raison d'un juge de proximité pour deux magistrats. Pourquoi ne pas aller plus loin en installant dans les tribunaux deux juges citoyens ? Qu'est-ce qui s'y oppose ? Comme le pastis, l'échevin ne serait buvable qu'à dose unique ; deux échevins, bonjour les dégâts ! Le jury de la cour d'assises serait donc une ivresse populaire ? On voit bien les incohérences françaises.

Encore faut-il que le citoyen-juge soit indépendant des magistrats, qu'on ne le traite pas comme un de ces bourgeois de province que Maupassant envoie se ridiculiser dans la capitale ! Cette dignité du citoyen passe par le savoir, d'où l'impérieuse nécessité d'organiser dans les écoles des enseignements de justice.

Contre l'irresponsabilité des juges

Quel bonheur d'être irresponsable ! Surtout quand on exerce « *l'habitude de ce métier cruel et tyrannique, de tailler à la grosse, pendant des heures, des parts de cachot*[1] », selon les Goncourt. Eh oui, n'en déplaise aux tartuffes, les magistrats français sont irresponsables, même si les textes auraient permis, si l'État l'avait osé, de créer une responsabilité du juge. Mais l'État et sa politique du trouillomètre ne veulent pas froisser la gent juge. Aujourd'hui, la conséquence démocratique de l'exercice d'un pouvoir est la responsabilité qui implique le bonhomme sous son costume d'apparat.

Pendant de longues années, le magistrat a pontifié dans une « *logique sacerdodale* », comme le dit Alain Bancaud dans son étude sur la *Haute magistrature judiciaire entre politique et sacerdoce*. À pas feutrés, discret, distant, secret, le magistrat a cheminé dans la carrière, drapé dans le mystère de son autorité. On n'osait pas scruter cette ombre noire. Elle n'avait aucun compte à rendre. C'était outrage que d'envisager même d'aller solliciter, courbé, des explications. Comment se pourrait-il que « *les fils du Très Haut* », selon l'expression aérodynamique du chancelier d'Aguesseau, eussent des comptes

---

1. Edmond et Jules de Goncourt, *Journal*, tome 1, 1853.

à rendre ? Depuis quand un péquin de justiciable adresserait-il la parole à un tel personnage accroché aux lustres des lumières célestes ? Fils de personne contre fils du Très Haut, la cause était vite entendue ! Cette généalogie mythique agit encore dans l'inconscient. Il ne faut pas se raconter d'histoire, le goût du petit pouvoir, cette prothèse prétentieuse, pousse beaucoup de monde vers les métiers de la magistrature. Comment ne pas se sentir important quand, irresponsable, on détient la vérité sur tout ?

Évidemment, on n'est plus à l'époque du vieux perruqué de d'Aguesseau. Aujourd'hui, les juges ont chuté du piédestal au fauteuil de la maquilleuse ; ici, là, on les voit chez Ardisson, Ruquier, Fogiel, Bern, Denisot. Le juge pomponne sa popularité poudrée, sa concierge le reconnaît… Il fait de la politique, impartial comme un bulletin de vote ; du syndicalisme, objectif comme un appareil syndical ; il donne son opinion sur tout, commère comme Eva, il court les ondes fraîches. Il a inventé la promotion carcérale, se faisant connaître en impliquant et parfois en incarcérant des gens connus. Véritable vampire d'opprobre, il virevolte, manches noires ouvertes comme des ailes, dans les médias, honoré d'être le juge qui s'occupe d'une affaire célèbre. On dit alors, dans l'insupportable stylistique journalistique de l'oxymore du pauvre, « le petit juge », référence subliminale, bien sûr, au combat de David contre Goliath… À la commande, selon les affaires, il écrit des livres, racontant dans un fauteuil ses prouesses d'immobile, volant à la vie des autres, qu'il ne connaît que par son pouvoir… de quoi écrire quelques pages impudiques. On est loin de la discrétion ancestrale. Chacun y va de sa plume de paon people, Eva Joly, Éric Halphen, Éric de Montgolfier, le juge Lambert dont j'ignore le prénom, l'antiterroriste de service, dont j'ignore les prouesses, et bien d'autres…

Dans la distribution des personnages, sur le théâtre moderne, le juge a presque toujours le beau rôle du redresseur de torts. Et pourtant, on ne l'aime pas. D'où vient ce paradoxe ? On ne croit plus à la justice, et ce ne sont pas les vaudevilles entre Courroye et Prévost-Desprez qui amélioreront l'opinion, ni leur présence dans les ministères ni leur jugement délirant comme dans l'affaire Kerviel, ni leur sermon dans les micros-crachoirs. Eh oui, le bouclier est tombé, « *désormais au premier plan, les juges cristallisent sur leur personne les revendications qui visaient, hier, et de manière plus neutre, le service de la justice*[1] ».

Alors, on se demande pourquoi, aujourd'hui encore, le juge n'est pas, comme tout homme, responsable de ses actes. L'article 1382 du Code civil dit clairement que « *tout fait quelconque de l'homme, qui cause à autrui un dommage, oblige celui par la faute duquel il est arrivé à le réparer* ». Il faut s'y faire, l'homme qui répond de ses actes, c'est chacun de nous, homme ordinaire, sauf s'il est juge, homme extraordinaire par destination. Voltaire, déjà, trouvait la situation scandaleuse, mais trois siècles de réflexion n'ont pas dû suffire. Et puis, Voltaire, que pèse-t-il à côté de je ne sais quel syndicat ?

---

1. Maryse Deguergue, *Justice et responsabilité de l'État*, PUF, 2003, p. 214.

Les choses ne changent pas au grand pays des pas sur place parce qu'on est encore par enkystement en monarchie de survivance. L'intouchabilité du juge a un fondement archaïque, une très vieille idée monarchique : « Le roi ne peut mal faire » ! La République qui remplace le roi, sans en avoir la grandeur, ne peut mal faire et son juge qui juge pour elle ne peut mal faire…

Voilà un des obstacles à l'ancienne et moderne mises en cause des juges. Aujourd'hui ce principe subsiste, comme quoi on peut faire tomber la tête d'un roi, la couronne roule à terre, mais pas la toque qui la rappelle.

Un autre principe vieillot survit qui s'enracine dans un adage : « *Res judicata facit jus.* » Derrière ce latin liquoreux se cache un monstre : une décision judiciaire définitive, même erronée, génère sa propre vérité et son propre droit ! Cette opinion est aujourd'hui combattue, mais elle a la vie dure malgré son injustice. En un mot, cet adage, vivant de soubresauts odieux, revient à dire que lorsqu'un juge se trompe provisoirement, il suffit qu'un second se trompe définitivement pour que l'erreur devienne vérité !

À fonctionner dans ce système, vous ne voulez pas jouir d'une hypertrophie du moi ? Nos juges d'Outreau ou d'ailleurs peuvent dormir tranquilles, ils sont irresponsables ! Ils peuvent continuer à mal faire en toute impunité, l'État répond et paye pour eux. Jusqu'à quand craindra-t-on d'affaiblir l'honorable fonction en l'exposant à une responsabilité qui n'amoindrit ni le médecin, ni l'architecte, ni le notaire, ni l'avocat, ni l'entrepreneur, ni personne, sauf, semble-t-il, le juge ? Aucune raison ne justifie l'irresponsabilité, surtout pas celle qui veut éviter d'exposer le juge à la vindicte des justiciables. L'idée qu'il faut organiser la responsabilité du magistrat qui déraille ne signifie pas qu'il faut demain faire lyncher les juges sur la place publique des guillotinés de l'opinion. Toute chose s'organise en tenant compte du respect des hommes en cause. Du reste, de nombreux magistrats appellent de leurs vœux l'organisation de cette responsabilité. Ils savent que leur crédibilité est désormais à ce prix. La démocratie doit, si elle veut tenir le coup, respecter plus que jamais le principe de l'équilibre des pouvoirs. Elle risque de ne pas survivre à une tricherie qui maintiendrait une disproportion entre l'exercice du pouvoir et la responsabilité qui en découle. Cette tricherie, le citoyen ne l'accepte plus ! N'empêche, et malgré ces évidences, le système tient bon sur ses béquilles.

Veuillez m'excuser de faire ce qu'on ne doit jamais faire à la télévision sous prétexte d'être zappé comme un zéro : lire un texte. J'en lirai deux, mais ça ira vite. L'article L. 781 du Code de l'organisation judiciaire dit que « *l'État est tenu de réparer le dommage causé par le fonctionnement défectueux du service de la justice. Cette responsabilité n'est engagée que pour faute lourde ou déni de justice* ». Comme les choses sont simples au pays pagailleux du droit, cet article a été abrogé dans un souci… de simplification ! Désormais, l'État « *est tenu de réparer le dommage causé par le fonctionnement défectueux du service de la justice. Sauf dispositions particulières, cette responsabilité n'est engagée que par une faute lourde ou par un déni de justice ».*

L'article 111-1 de l'ordonnance du 22 décembre 1958 portant statut de la magistrature dispose que : *« Les magistrats du corps judiciaire ne sont responsables que de leur faute personnelle. La responsabilité des magistrats qui ont commis une faute personnelle se rattachant au service public de la justice ne peut être engagée que sur l'action récursoire de l'État. Cette action récursoire est exercée devant une chambre civile de la Cour de cassation. »*

Traduction… Le juge français est protégé par une carapace étatique de toute action contre lui. L'État peut, ce qu'il ne fait jamais, à supposer qu'il ait commis une faute personnelle, laquelle est introuvable, se retourner contre le juge. Ce n'est plus un préservatif, c'est une montgolfière : si un justiciable entend mettre en cause la bourde d'un juge, il doit démontrer l'existence d'une faute personnelle qui ne serait pas en lien avec le service public de la justice, qui n'aurait pas été commise dans l'exercice des fonctions aseptisantes du punir, du juger, du ruiner. Si la faute personnelle a été commise dans l'exercice de l'imperium judiciaire, il faut taper à la porte blindée de l'État, lequel tape dans la poche innocente du contribuable.

Un peu de géolocalisation. Qu'est-ce que cette faute personnelle qui ne se rattache pas au service public de la justice ? La loi n'en donne aucune définition. Prudente, la jurisprudence se garde bien de se prononcer clairement. La seule certitude, c'est que la mise en cause directe du magistrat est quasiment impossible pour les fautes qu'il commet dans l'exercice de ses fonctions. Un lien ténu suffit à l'accrocher à la bouée de sauvetage de l'exercice des fonctions, et hop, la pire tempête d'inepties peut s'abattre sur lui, il surnage, fier comme un gardon de justice, au-dessus des réclamations du justiciable. On a, aujourd'hui encore, des juges inamovibles, indépendants et insubmersibles ! Des exemples drolatiques illustrent cet état. Ils sont drôles parce que les plaignants sont des… magistrats… mécontents des magistrats !

Un juge qualifié, dans un rapport, par un de ses collègues de *« magistrat aux structures paranoïaques marquées »*, avait assigné le rapporteur pour faute personnelle. Le parano a perdu contre le psychiatre d'occasion qui avait agi en tant que magistrat, donc pas de faute personnelle ! De même, un procureur, qui avait commenté dans la presse la révocation de son collègue en précisant *« qu'il n'appliquait pas la loi, mais sa loi »*, n'a pas été reconnu personnellement responsable ! Elle court, elle court si vite la faute personnelle, qu'à ce jour, aucun plaignant, pas même un juge, n'a pu la rattraper.

Que faire alors ? Rechercher un « fonctionnement défectueux de la justice judiciaire » qui, commis par le juge, est imputable à l'institution, à condition cependant de rapporter la preuve d'une « faute lourde » quasiment irraportable tant elle doit peser lourdement. Depuis l'affaire du petit Grégory, la Cour de cassation a donné une idée de cette faute lourde : *« Toute déficience caractérisée par un fait ou une série de faits traduisant l'inaptitude du service public de la justice à remplir sa mission. »*

On a quelques exemples de l'intransportabilité de cette faute : ainsi, dans l'affaire Saint-Aubin, citée dans tous les manuels, les plaignants reprochaient au juge d'instruction de les avoir accusés de « déséquilibre » dans une ordonnance de non-lieu. Outre que ce diagnostic judiciaire était faux et que les « déséquilibrés » avaient parfaitement raison, le juge d'instruction entachait par sa formule asilaire la considération de ces braves gens. Rien, du haut de son équilibre mental invérifié, ne l'autorisait à se transformer en psychiatre soviétique pour camisoler deux plaignants, parties civiles. Avait-il commis une faute lourde ? Certainement pas, dirent les juges qui eurent à juger de l'implication de l'État. Est-il possible alors de trouver trace, quelque part, de l'ultra-violette faute lourde ? Il faut cheminer jusqu'au vieux parlement de Rennes pour trouver dans la souffrance des époux Esnault, sous un fatras de procédures, sous un amoncellement d'injustices, le sillon de cette faute. Tout commence dans la tranquillité d'un hôtel-restaurant que les époux tenaient à Fougères, ville aux portes de la Bretagne, mais qui n'empêcha pas l'intrusion des emmerdements. Les hôteliers exigent du propriétaire qu'il effectue des travaux qui, légalement, lui incombent. Devant son refus, le tribunal d'instance est saisi. Allez savoir pourquoi, contre toute attente, le juge de paix déclenche une guerre de procédure en donnant tort aux locataires, qui interjettent appel. En 1986, la cour d'appel de Rennes confirme le jugement au motif que l'hôtel-restaurant est en ruine par la seule faute de ses occupants. Ce qui est faux ! Non seulement figurent au dossier des documents qui établissent indiscutablement que le bâtiment est dans un état correct, mais le propriétaire affirme « *que l'état des lieux n'a jamais compromis l'exploitation du commerce* ». À Rennes, les juges sont plus royalistes que le roi ! Dans quel grimoire hallucinogène les conseillers et le président de cette chambre loufoque ont-ils trouvé l'inspiration pour juger aussi mal ? Point important pour la compréhension de la suite de cet imbroglio, découragés par la justice, on peut le comprendre, les locataires ne forment pas de pourvoi en cassation.

En 1987, une tempête se déchaîne, qui emporte arbres et toitures. La bourrasque du siècle n'épargne pas l'hôtel. Comme d'habitude le propriétaire pingre refuse d'engager la moindre dépense. Le vent violent propulse tout ce monde devant le juge d'instance qui, cette fois, donne raison aux locataires. La cour d'appel de Rennes est saisie par le propriétaire qui perd. Enfin, le radin va racler. Pas si vite… La Cour de cassation est saisie. Elle décide, en 1993, de casser l'arrêt au nom de l'autorité de la chose jugée qui s'attache à la décision de 1986… Les hôteliers sont donc les seuls responsables des ravages subis par l'hôtel, désormais en ruine.

La Cour de cassation n'a pas cassé qu'une décision, elle a aussi cassé en mille morceaux la vie des époux Esnault, ruinés, malades, obsédés, entêtés par l'erreur judiciaire. Ils frappent à toutes les portes, font le siège du président signataire de la funeste décision de 1986, lui montrent le dossier, qu'il avait survolé, le convaiquent de leur bon droit et, chose extraordinaire, obtiennent de lui, par écrit, qu'après réexamen du dossier il avoue s'être trompé à cause de la surcharge de travail et l'obligation de rendement ! Quel rare aveu, tout à l'honneur de son auteur, digne d'un magistrat romain. Ses deux assesseurs, moins honnêtes, se désolidarisèrent de cette confession unique dans les annales de la magistrature. Qu'allait-il se passer ? Comme on va le voir, à droite, à gauche, on nourrit la même conception de la justice due aux pauvres gens dont on se fout pas mal. Jacques Toubon, oublié ministre de la Justice, refusa une indemnisation amiable ; Élisabeth Guigou, frivole ministre de la Justice, fit de même, avec, sans doute, en plus du premier, le sentiment de contribuer à l'édification d'un monde meilleur ! Ne sachant plus vers quel saint se tourner, les époux Esnault se tournèrent vers le diable, du moins pour eux, la justice. Sur le fondement de l'article L. 781, déjà cité, ils assignèrent l'agent judiciaire du Trésor devant le tribunal de grande instance de Rennes afin de faire reconnaître l'existence d'une faute lourde.

Le 27 novembre 2000, enfin, mieux vaut tard que jamais, la justice reconnut l'existence d'une faute lourde du service public de la justice ! L'action récursoire fut-elle engagée ? Bien sûr que non ! Les magistrats qui avaient bâclé l'affaire ne furent pas inquiétés ; ils ne mirent la main à la poche ni pour se moucher des pleurs du regret d'avoir fait tant de mal, ni pour payer un centime de réparation. Les juges n'avaient peut-être pas commis de faute personnelle en faisant mal leur travail ?

Quel système adopter pour rendre les champions du monde de la responsabilité d'autrui un peu responsables ? Utiliser leur œuvre, tout simplement ! Ils ne pourront pas dire qu'elle est injuste, excessive, sévère, attentatoire à l'indépendance. Quelle œuvre, me direz-vous ? L'énorme jurisprudence élaborée par les cours et tribunaux pour sanctionner la responsabilité civile des avocats dans les erreurs, les retards, les fautes de droit, les négligences… Une assurance d'État couvrirait la réparation et, comme pour tous les assurés, une quote-part serait à la charge du juge fautif. Au moins, il paierait un peu… de sa poche…

Devant quelle juridiction faut-il attraire le juge ? Certainement pas devant le même corps judiciaire. C'est trop facile. Il faudrait créer une instance composée d'un juge judiciaire, d'un juge administratif, d'un ancien bâtonnier. Une révolution ! Même chose pour le déni de justice censé engager la responsabilité du juge. Le déni est le refus d'une chose due. Voilà une bien belle formule pour une bien vilaine chose. Un juge n'a pas le droit de refuser de juger sous peine de désertion. L'article 4 du Code civil donne une définition classique du déni de justice : « *Le juge qui refusera de juger, sous prétexte du silence, de l'obscurité ou de l'insuffisance de la loi, pourra être poursuivi comme coupable de déni de justice.* » Cette définition a pris au contact des réalités une autre dimension, plus pragmatique. On entend par « déni de justice » non seulement le refus de répondre aux requêtes, mais également le refus de juger des affaires en état de l'être, le refus de juger dans un délai raisonnable, et tout manquement de l'État à son devoir de protection judiciaire du justiciable. Là encore – et pourquoi ? – le juge responsable d'un déni ne sera ni coupable ni taillable ! Les syndicats de la toque et du mortier soutiendront mordicus qu'il existe une responsabilité disciplinaire, laquelle ? Une responsabilité du clan familial qui oblige Jean-Louis Nadal à dire dans *Le Figaro* : « *La tendance à couvrir tend à disparaître.* » Quel aveu vomitif ! Si elle tend à disparaître, c'est qu'elle a existé et qu'elle existe encore… Des juges couvreurs de couvertures déontologiques tricotées pour exonérer des responsables, est-ce acceptable ? On a beau jeu, après cela, de reprocher les amnisties politiques ! Autant le dire, cette confession est effrayante, elle révèle qu'il existe des enragements avec la discipline et que le justiciable est le cocu des copains.

Pourtant, l'idée d'une responsabilité du juge remonte loin dans le temps ; dès le Moyen Âge, on considère que le juge, détenteur d'un pouvoir divin, ne peut assumer cette tâche que s'il engage son propre salut en accomplissant sa mission. « *Ne jugez point, afin de n'être pas jugés, car on vous jugera comme vous avez jugé*[1]. » Cette conception médiévale avait le mérite de souligner la folie qu'il y a à oser vouloir juger ses semblables, acte divin, regard de Dieu, sonde céleste. Au nom de quoi l'homme ordinaire s'empare-t-il de cette toute-puissance ? Folie d'orgueil, de vanité, de s'imaginer capable de juger autrui. Au nom de quoi ? Hier au nom de Dieu, du roi, son lieutenant sur terre. Aujourd'hui, qui t'a fait juge, le juge ? Un sacre, une élection, une longue vie irréprochable, une grande expérience, un humanisme modeste, une envie de justice, un examen mental impeccable ? Non pas. Seulement un petit diplôme, aussi petit que celui d'avocat, qui ferait sourire les études d'un

---

1. La Bible, Matthieu, chapitre VII.

médecin ou d'un vétérinaire, le passage prétentieux par une école qui a des œillères, où l'on n'apprend rien de la vraie vie, mais où l'on apprend à jouer au juge, au grand, au petit, avec les manières, les tics, les préjugés, les certitudes, les méfiances, les alliances et la phobie des mésalliances.

Le corollaire de cette élévation virtuelle est l'irresponsabilité exigée par la magistrature. L'idée même de rendre des comptes est incompatible avec l'aérostatut du juge. C'est une tendance qui n'a fait que s'aggraver au fil du temps. Aujourd'hui, paradoxalement, le juge est moins exposé à rendre des comptes qu'hier. Le Code pénal de 1810 réprimait la concussion, la forfaiture, la corruption, l'abus d'autorité, le simple déni de justice. La forfaiture et la concussion ont disparu de nos lois. Ces incriminations étaient, sans doute, à elles seules, une supposition d'outrage… Tout comme la prise à partie, elle aussi, sans doute iconoclaste ! On s'en rend compte, tout ce ménage est destiné à protéger les juges. Pourquoi ? Époque où ils étaient le bras armé du pouvoir, époque servile, époque docile, dont l'abolition réelle s'exprimera dans la responsabilité des juges.

Conclusion

Peut-on conclure sur un sujet en perpétuel mouvement ? Autant essayer d'immobiliser un agité atteint par la danse de Saint-Guy. Aujourd'hui, le thème de la justice ne peut plus se prêter à une quelconque conclusion. Sait-on où un train fou va s'arrêter ? Non, sauf dans le mur ! Des réformes, des promesses de réformes, des allers et retours, du désordre, des magistrats contestés, des magistrats contestataires, des textes qui s'empilent comme les audiences, des justiciables ulcérés, un budget toujours insuffisant, une Cour européenne qui tape sur nos doigts de mauvais élève, c'est la grande crise de la justice française, révélatrice, à elle seule, de tous les désordres possibles à venir.

Et rien n'y fait, la situation est toujours la même, ubuesque, burlesque, dantesque ! Un mot du président de la République, et les magistrats font grève, en robes noires, rouges, dans la rue. Difficile, me direz-vous, dans ces conditions, de fuir une charge de CRS. Pour l'instant, aucun juge n'a encore la toque enfoncée par une matraque martiale. Mais tout peut arriver dans un monde à l'envers. On oublie souvent que les cahiers de doléances, à la veille de la Révolution, criaient contre la justice et réclamaient d'urgence des réformes.

L'état de justice, et l'idée qu'un peuple s'en fait, est toujours, sur le sismographe des bouleversements, un indicateur qui ne trompe pas. La lâcheté politique qui est, avec la lâcheté tout court, la chose la plus répandue aujourd'hui, aura empêché les gouvernants de prendre les décisions salvatrices qui déplaisent. Il faut espérer qu'un jour un homme ou une femme, si ce n'est pas trop tard, aura le courage de ramasser le glaive pour le remettre dans la balance.

C'est la désorientation judiciaire. La boussole de Thémis est devenue un peu folle, à l'image de la société. La manière dont la question de la réforme de la garde à vue a été traitée depuis des années est révélatrice de l'inadaptation des mentalités officielles au fonctionnement de la société officieuse – celle qu'on appelle « d'en bas » ! Ce n'étaient pas les vrais délinquants qui souffraient des abus de la garde à vue – ils avaient très souvent suivi la formation adéquate –, mais les accidentés de la justice, les pauvres types d'une nuit ineffaçable de police !

Malgré toutes les mises en garde – c'est le cas de le dire –, aucune réforme digne de ce nom n'a été entreprise. Une loi défaisant, sous les coups de gueule corporatistes, ce qu'une loi avait fait sous les coups de cœur de l'émotion. On coud et on découd selon la météorologie des pressions ambiantes. Il aura fallu plusieurs condamnations de la Cour européenne, des décisions controversées de tribunaux, une décision du Conseil constitutionnel, des palinodies de la Cour de cassation, pour qu'enfin une loi vienne mettre la France à l'heure des démocraties européennes. Pourquoi ce désordre institutionnel ? Il va continuer, mettant en contradiction les institutions du pays les unes avec les autres, au sujet de la motivation des verdicts des Cours d'assises, de la présence des citoyens dans les juridictions, de l'introuvable responsabilité des juges.

Depuis des années, des livres, des témoignages, des enquêtes, des drames, le rapport de la commission sur l'affaire d'Outreau… ont alerté tous les gouvernements. Ils s'en sont foutus, incapables de prendre en compte l'évolution des mentalités. « *Être à la hauteur du quotidien* », lançait Max Weber. Le quotidien – c'est-à-dire la réalité – semble aveugler les hommes qui tentent de tenir le gouvernail. Le quotidien de la justice est la négation de l'idéal de justice et de sa réalité. On ne tient aucun compte de la réalité de l'évolution des mœurs, de la réalité de l'évolution de la délinquance, de la réalité des demandes pressantes des victimes, de la réalité de l'évolution sociologique. La postmodernité et les bouleversements qu'elle entraîne exigent qu'on s'adapte, et non que l'on subisse. On est dans un vieux monde judiciaire. D'autres mondes aussi, en ce pays, sont vieux d'une vieillesse irréversible. C'était le cas en 1789 : un vieux monde de vieux cons parfois jeunes ne voulait pas s'adapter institutionnellement aux nouvelles mentalités… On sait ce qu'il advint ! La première demande des cahiers de doléances, avant l'impôt, concernait la justice…

La crise de la justice est l'un des éclats de la crise générale. Quand la justice va mal, tout va mal. Elle est devenue une administration comme une autre. À la place des juges, on a des techniciens. Comme le prévoyait le philosophe du droit Michel Villey : « *Bientôt les affaires d'accidents de circulation, de fraude fiscale et de pension en cas de divorce seront traitées par ordinateur. Et l'on mettra dans le programme de l'ordinateur les intérêts du développement collectif du groupe et de l'égalité ; pas de la justice, qui n'entre pas dans les cordes de l'ordinateur.* »

Ce qui manque souvent à la justice, c'est l'expression du sentiment de justice : un regard, une écoute, une profondeur, une capacité – morte aujourd'hui – de résister à l'opinion dominante. La justice est un art du concret qu'elle doit pouvoir, un instant, sublimer pour permettre la reconstruction des hommes. On en est loin.

« *Le nouvel esprit du temps voit le retour des humeurs, des passions, émotions, que la civilisation des mœurs modernes avait quelque peu domestiquées, marginalisées, voire s'était employée à éradiquer.* »[1]

Loin de maîtriser cet état des passions, la justice d'aujourd'hui est sous sa dépendance. Toutes les « lois morales » qui font du juge un arbitre des débats de société ont contribué à cette soumission. L'activisme associatif, qui n'existe souvent que par les procès qu'il fait pour faire parler de lui, a renforcé cet état émotionnel : le juge devient une espèce de journaliste moral ! De même que les règlements de compte politiques, économiques et autres – qui se servent de la justice pour terrasser l'adversaire – ont matérialisé la justice, au point

---

1. Michel Maffesoli, Le temps revient : Formes élémentaires de la postmodernité, Éditions Desclée de Brouwer, 2010.

d'en faire un moment rabougri du débat politique. La pire des choses qui pouvait lui arriver ! Dans ce chaos, le justiciable ordinaire cherche sa place et son juge. Il a souvent le sentiment d'être une donnée de la statistique, un chiffre perdu, un élément d'un collectif. Cette violence technocratique, purement rationnelle, d'une justice qui participe cependant à l'émotion et à l'hystérisation générale déroute le justiciable.

Le plus bel exemple en est le jugement rendu dans l'affaire Kerviel. Après des semaines de procès, d'analyses techniques, d'auditions d'experts abscons, de données bancaires indéchiffrables, le tribunal rend un jugement irréel… applicable dans cent ans ! On dérive…

Composé par STDI